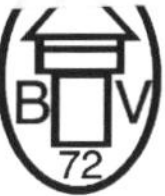

Justus Bargsten

Italienische Eröffnung für Weiß

Planfindung und strategisches Verständnis

Joachim Beyer Verlag

ISBN 978-3-95920-180-3
2. ergänzte Auflage 2023

Ein Imprint des Schachverlag Ullrich, Zur Wallfahrtskirche 5, 97483 Eltmann

Herausgeber: Robert Ullrich

Inhaltsverzeichnis

Vorwort

Langsames Italienisch – strategisch, solide und giftig

Als ich vor einigen Jahren zusammen mit IM Georgios Souleidis ein Buch über 'langsames Italienisch' schrieb, hatte der diesbezüglich große Boom, der bis heute anhält, gerade erst begonnen. Das weiße Konzept ist zwar recht langsam, aber dennoch sehr nachhaltig. Anders als in unserem Buch, das ein komplettes Repertoire für Weiß bietet, setzt das Werk von Justus Bargsten an den beiden Hauptvarianten an, die sich mittlerweile herauskristallisiert haben und deren Hauptunterschied darin besteht, ob Schwarz sich mit a7-a6 oder a7-a5 aufstellt:

1. Hauptvariante

1.e4 e5 2.Sf3 Sc6 3.Lc4 Lc5 4.c3 Sf6 5.d3 a6 6.0–0 0–0 7.Te1 La7 8.h3 d6 9.a4 h6 10.Sbd2

2. Hauptvariante

1.e4 e5 2.Sf3 Sc6 3.Lc4 Sf6 4.d3 Lc5 5.c3 d6 6.0–0 0–0 7.h3 h6 8.Te1 a5

Dem Autor ist es gelungen, die modernen Entwicklungen gut erklärt aufzubereiten und die Pläne der Supergroßmeister verständlich darzustellen. Dabei zeigt sich, dass es für Schwarz alles andere als einfach ist, die weiße Initiative völlig zu neutralisieren. Das liegt daran, dass Weiß eben viele Pläne an beiden Flügeln zur Auswahl stehen und dass er über eine Reihe kleiner Vorteile verfügt – wie etwa den Anzugsvorteil und die Einschränkung des Springers c6 durch den Bauern c3.

Auch werden in Bargstens Buch Übungsaufgaben geboten, was ich aus didaktischer Sicht sehr gut finde. Darüber hinaus gibt es Hinweise zur Bedeutung der korrekten weißen Zugfolge, zur Vermeidung von allerlei Tricks und Fallen sowie insbesondere zu der Frage, ob, wann und unter welchen Umständen Weiß h2-h3 spielen sollte.

Bargstens Arbeit ist im Rahmen der B-Trainerausbildung des niedersächsischen Schachverbands entstanden und hat außer mir auch allen anderen Mitgliedern der Prüfungskommision (darunter Bernd Laubsch und Volker Jansen) auf Anhieb sehr gut gefallen. Und da das Ganze auch meiner analytischen Prüfung standgehalten hat, war es naheliegend, dem Autor vorzuschlagen, daraus ein Buch zu machen.

Lassen Sie sich als Leser von seinen profunden Gedanken zu dieser Eröffnung inspirieren und holen Sie mit Weiß so viel wie möglich aus dieser soliden und lange Zeit unterschätzten Eröffnung heraus.

GM Dr. Karsten Müller
Hamburg im Mai 2022

1. Einleitung

„Das Problem bei den d3 Strukturen (in der Italienischen Eröffnung) ist, dass sie leicht aussehen, es jedoch nicht sind. Sie werden zwar häufig von Vereinsspielern gespielt, aber da passt dann häufig die Weisheit „denn sie wissen nicht, was sie tun".

Bernd Laubsch

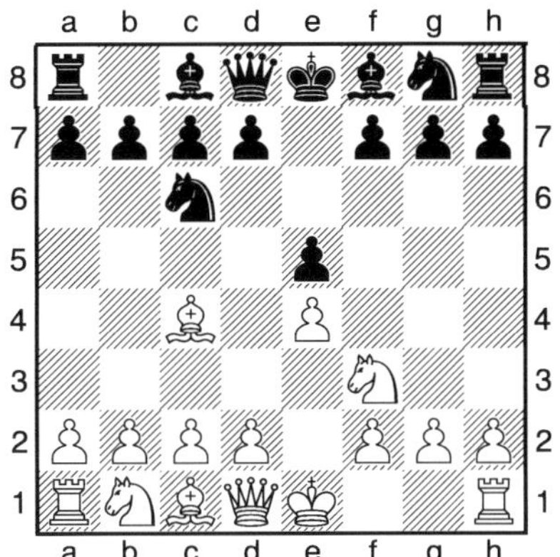

Die Italienische Eröffnung ist eine der ältesten Eröffnungen der Schachgeschichte, die bereits im 15ten Jahrhundert erwähnt wurde[1)], aber auch heute noch selbst auf höchster Ebene ein oft gesehener Gast ist, wie zuletzt beim Weltmeisterschaftskampf 2021 zwischen Magnus Carlsen und Jan Nepomnjaschtschi. Hier wählte der russische Titelkandidat sie in der 11. und letzten Match-Partie, da er sich zuvor an dem soliden Repertoire Carlsens nach **3.Lb5** die Zähne ausgebissen hatte und die Partie deshalb auf andere und weniger ausgetretene Pfade lenken wollte. Zwar hat der Herausforderer diese Partie verloren, aber allein die Anwendung der Italienischen Eröffnung zeigt, dass diese auch auf dem allerhöchsten Niveau eine ernstzunehmende Waffe ist.

Diese Arbeit verfolgt das Ziel, einem Spieler auf dem Niveau von 1800-2000 DWZ die modernen Ideen der Italienischen Eröffnung zu veranschaulichen. Dabei werden solche Stellungen behandelt, die auf dem „langsamen" Plan von Weiß beruhen, wenn er sich also nicht an einem der vielen Gambits wie dem Evans-Gambit nach **3...Lc5 4.b4** versucht oder nach **3...Sf6** den aggressiven Ausfall **4.Sg5** wählt, sondern einen ruhigeren und von positionellen Ideen geprägten Ansatz wählt.

In dieser Arbeit wird nicht versucht, dem Leser ein vollständiges Repertoire zu bieten, sondern vielmehr die Ideen der entstehenden Mittelspielstellungen zu erläutern. Das Material umfasst vor allem die Systeme **1.e4 e5 2.Sf3 Sc6 3.Lc4 Sf6 4.d3 Lc5 5.c3 h6 6.0–0 d6 7.Te1 a6 8.a4 La7 9.Sbd2 0–0 10.h3** und **1.e4 e5 2.Sf3 Sc6 3.Lc4 Sf6 4.d3 Lc5**

1) https://de.wikipedia.org/wiki/Italienische_Partie

5.c3 d6 6.0–0 0–0 7.h3 h6 8.Te1 a5, wobei besonders letzteres in der aktuellen Praxis enorm an Popularität gewonnen hat. In diesen Abspielen werden die weißen Ideen in jeweils separaten Kapiteln behandelt.

Dabei wird bewusst kein Augenmerk auf die Stellungen nach **1.e4 e5 2.Sf3 Sc6 3.Lc4 Lc5 4.c3 Sf6 5.d3 0-0 6.0-0 d5** bzw. **1.e4 e5 2.Sf3 Sc6 3.Lc4 Sf6 4.d3** gelegt, wenn Schwarz hier nicht **4...Lc5** spielt, da diese sich zu sehr von denen aus den Hauptvarianten unterscheiden und die hier aufgestellten Konzepte darin zu wenig Anwendung finden. Möchten Sie als Leser diese Arbeit als Grundlage für ein Eröffnungsrepertoire nutzen, empfehle ich Ihnen jedoch dringend, sich auch mit diesen Systemen auseinanderzusetzen.

1.1 Warum Italienisch

Die Italienische Eröffnung wird von vielen Weißspielern gewählt, um eine gehaltvolle Partie zu bekommen. Die Stellungen sind oft weniger konkret und taktisch als zum Beispiel in der Schottischen Eröffnung (**1.e4 e5 2.Sf3 Sc6 3.d4**) und weniger weit ausanalysiert als die Hauptvarianten der Spanischen Eröffnung (**1.e4 e5 2.Sf3 Sc6 3.Lb5**). So bietet das moderne Italienisch eine gute Mischung aus unerforschtem Gebiet und positionellem Verständnis.

Des Weiteren sind dem Schwarzen in der Italienischen Eröffnung (im Vergleich zu den vielen möglichen schwarzen Aufbauten gegen Spanisch – Berliner Mauer, Marshall, Breyer und Tschigorin, um nur einige zu nennen) mehr die Hände gebunden und es entstehen viele ähnliche Stellungen, in denen die in dieser Arbeit dargestellten Konzepte dem Weißspieler einen Plan an die Hand geben.

Obwohl sich der weiße Plan meist an dem von Schwarz gewählten Aufbau orientiert, sollte man nicht irrtümlich glauben, dies sei eine rein reaktive Betrachtung, da Weiß dem Spiel (je nachdem, wie Schwarz sich aufbaut) seinen ganz eigenen Stempel aufdrückt. Die typischen Pläne mit a7-a6 oder a7-a5 unterscheiden sich grundsätzlich. Gegen a7-a6 wird Weiß (wie in Kapitel 2 skizziert) meist versuchen, einen langfristigen Aufmarsch am Damenflügel zu starten, während der Plan gegen Aufbauten mit a7-a5 oft eher in einem schnellen Angriff am Königsflügel besteht, der in Kapitel 3 analysiert wird.

1.2 Zugumstellungen

In diesem Kapitel werden dem Weißspieler Regeln gegeben, durch der Beherzigung er nicht in Fallen laufen wird, die Schwarz stellen kann. Da die moderne Italienische Eröffnung in ihren ersten Zügen eine sehr unkonkrete Natur hat, bietet sich hier viel Raum für Zugumstellungen. Weiß macht zwar immer dieselben Züge, es ist aber wichtig zu verstehen, in welcher Reihenfolge man diese macht[2].

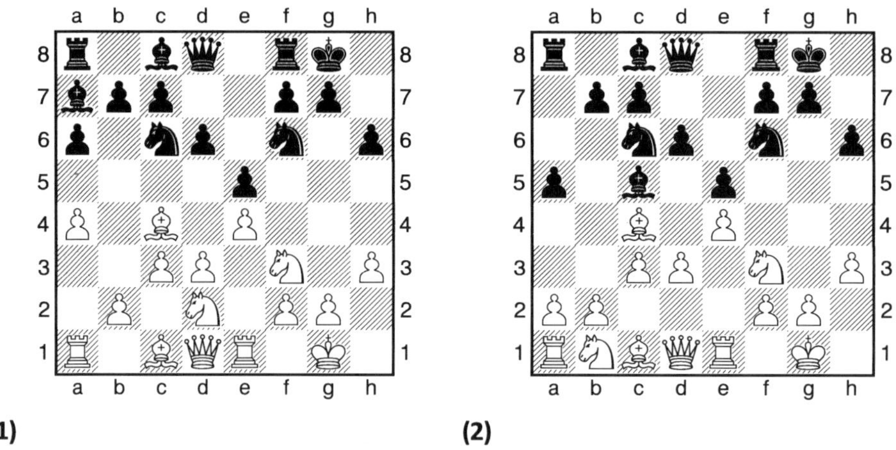

(1) (2)

Diese beiden Stellungen sind die Ausgangsstellungen des a6-Systems (1) und des a5-Systems (2), und um diese zu erreichen, werden jetzt die Regeln vorgestellt.

1) Der Unterschied zwischen **3...Lc5** und **3...Sf6**: Nach **1.e4 e5 2.Sf3 Sc6 3.Lc4** hat Schwarz die Wahl zwischen den beiden Hauptzügen **3...Lc5** und **3...Sf6**. Den ersten kann Weiß mit **4.0-0**, **4.d3** oder **4.c3** beantworten, während auf **3...Sf6** am besten **4.d3** folgen sollte, da nach **4.0-0** oder **4.c3** jeweils **4...Sxe4** möglich ist.

Daher empfehle ich die Reihenfolge **1.e4 e5 2.Sf3 Sc6 3.Lc4 Sf6 4.d3 Lc5 5.c3** oder **1.e4 e5 2.Sf3 Sc6 3.Lc4 Lc5 4.c3 Sf6 5.d3**, was in beiden Fällen zu der gleichen Ausgangsstellung führt.

2) Die zweite Regel hilft uns zu verstehen, wann wir h3 spielen dürfen und wann nicht.

Als Faustregel gilt: Weiß darf h3 erst spielen, wenn Schwarz bereits rochiert hat, da Schwarz sonst mit h6 gefolgt von g5-g4 einen potenziellen Angriff starten kann. Diesbezüglich zeigt das folgende Beispiel, warum Weiß diesen Angriff auf jeden Fall verhindern sollte.

2 https://www.youtube.com/watch?v=gkqxhUnA2hl

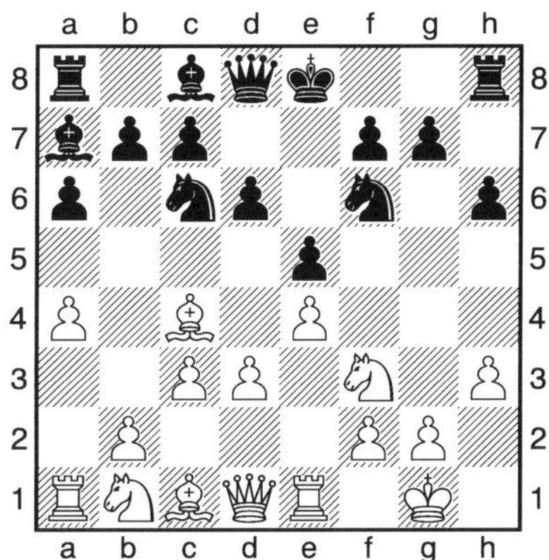

In dieser Stellung kann Schwarz **9...g5!** spielen und Weiß bekommt Probleme, da er dem Gegner mit h3 eine Angriffsmarke gegeben hat. In Kapitel 4 über weniger populäre schwarze Pläne wird gezeigt, warum dieser Angriff ohne den Bauern auf h3 kein Problem für Weiß ist.

3) Die nächste Faustregel zeigt, unter welchen Umständen Weiß h2-h3 sogar spielen *muss*. Ähnlich wie bei zu frühem h3 gibt es hier ein potenzielles Problem mit zu schnellem schwarzem Gegenspiel. Die schwarze Idee, welche es zu verhindern gilt, besteht darin, Tfe1 mit Sg4 zu beantworten und somit die Schwäche f2 aufs Korn zu nehmen.

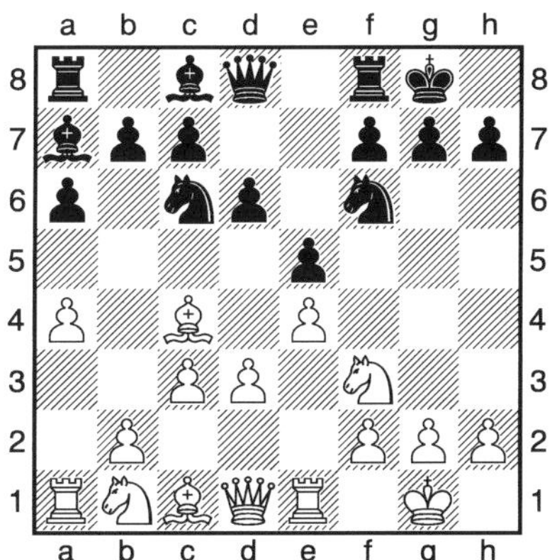

Carlsen, Magnus (2847)

Giri, Anish (2780) [C54]

chess24.com INT 2021

Hier spielte der Weltmeister **9.Sbd2** und nach der starken Folge **9...Sg4! 10.Te2 Kh8! 11.b4 f5** sah Weiß sich mit einem unangenehmen Angriff konfrontiert. In der Partie hatte auch Magnus Carlsen Probleme, zu Gegenspiel zu kommen.

Daher ist es wichtig, in einer Stellung, in der Schwarz bereits rochiert und seinen Läufer von c5 weggezogen hat (da Weiß sonst mit d4 ein Tempo gewinnen kann und keine Probleme hat), h2-h3 zu spielen. Auch mit dem Bauern auf h3 kann Schwarz versuchen, den Plan Kh8 und f5 durchzusetzen. Auch dazu wird wiederum in Kapitel 4 eine Partie betrachtet, in der zu sehen ist, dass dieser Ansatz mit dem Bauern auf h3 kein Problem für Weiß ist.

Bei der letzten wichtigen Regel geht es um die Frage, wann Weiß a4 spielen sollte. Wie bereits in den beiden Ausgangsstellungen zu Beginn dieses Kapitels zu sehen war, spielt Weiß nur in der Stellung mit dem Bauern auf a6 den Gegenzug a2-a4. Der Grund dafür besteht darin, dass diese Prophylaxe nur dann erforderlich ist, wenn Schwarz mit Sa5 das weiße Läuferpaar zu halbieren droht. Mit einem schwarzen Bauern auf a5 (statt auf a6) ist Sa5 keine Drohung, so dass Weiß nicht zu a4 genötigt ist.

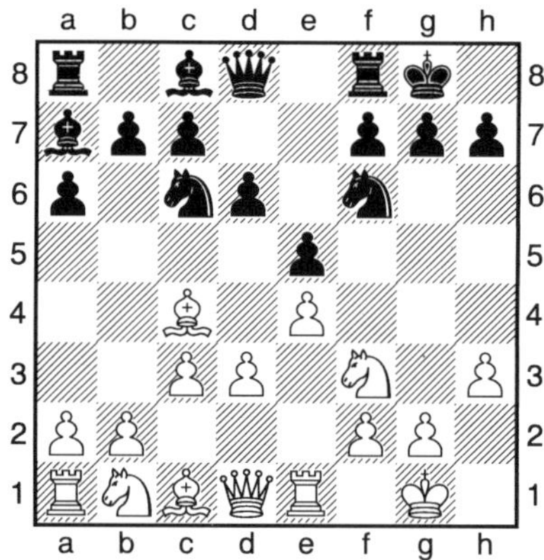

In dieser Stellung wäre **9.Sbd2** ein Fehler, da nach **9...Sa5** der Läufer abgetauscht werden könnte. Hingegen wäre Sbd2 mit dem Bauern auf a5 statt auf a6 ein normaler Zug.

Nun folgen einige Beispielzugfolgen, die unter Befolgung der Regeln zu den bekannten Ausgangsstellungen führen.

Ausgangsstellung (1) wird zum Beispiel nach einer dieser beiden Zugfolgen erreicht:

1.e4 e5 2.Sf3 Sc6 3.Lc4 Sf6 4.d3 Lc5 5.c3 h6 6.0–0 d6 7.Te1 a6 8.a4 La7 9.Sbd2 0–0 10.h3

1.e4 e5 2.Sf3 Sc6 3.Lc4 Lc5 4.c3 Sf6 5.d3 a6 6.0–0 0–0 7.Te1 La7 8.h3 d6 9.a4 h6 10.Sbd2

Dies sind bei weitem nicht die einzigen möglichen Folgen, aber wenn Weiß die Regeln beherzigt, sollte er keine Probleme mit schwarzen Fallen bekommen. Die zweite Ausgangsstellung kann zum Beispiel auf dem folgenden Weg erreicht werden:

1.e4 e5 2.Sf3 Sc6 3.Lc4 Sf6 4.d3 Lc5 5.c3 d6 6.0–0 0–0 7.h3 h6 8.Te1 a5

2. Der Bauer auf a6

In diesem Kapitel werden die typischen schwarzen Pläne mit dem Bauern auf a6 behandelt. Untersucht wird der Abtausch der weißfeldrigen Läufer und die Umgruppierung der schwarzen Springer. In den Stellungen nach dem Läufertausch ist der weiße Plan, der in dieser Arbeit behandelt wird, meist mit Raumgewinn am Damenflügel mittels der Vorstöße a4 und b4 verbunden. Die Pläne des Anziehenden sind oft langfristiger Natur, und bevor er selbst mit seinen aktiven Operationen beginnt, werden oft erst die schwarzen Möglichkeiten des Gegenspiels eingeschränkt.

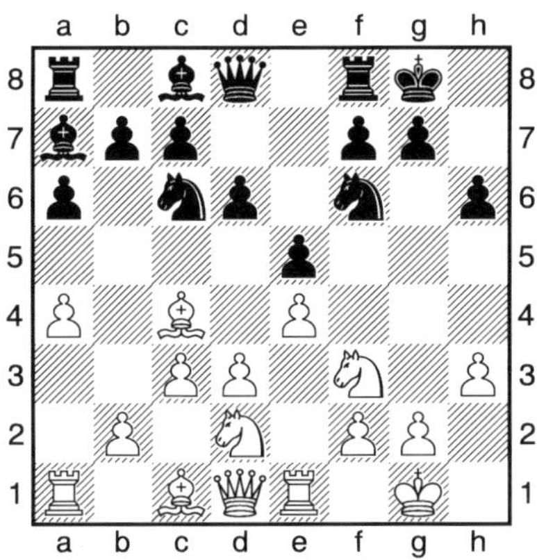

Dies ist die Ausgangsstellung des Kapitels, in der Schwarz die oben angesprochenen Pläne verfolgen kann. In Kapitel 2.1 und 2.2 werden die Hauptzüge 10...Le6 und 10...Te8 nebst Le6 sowie die damit verbundenen typischen Spielweisen besprochen. Und in Kapitel 2.3 werden die Pläne der Umgruppierung mit 10...Sh5 bzw. 10...Se7 behandelt.

2.1 Frühes Le6

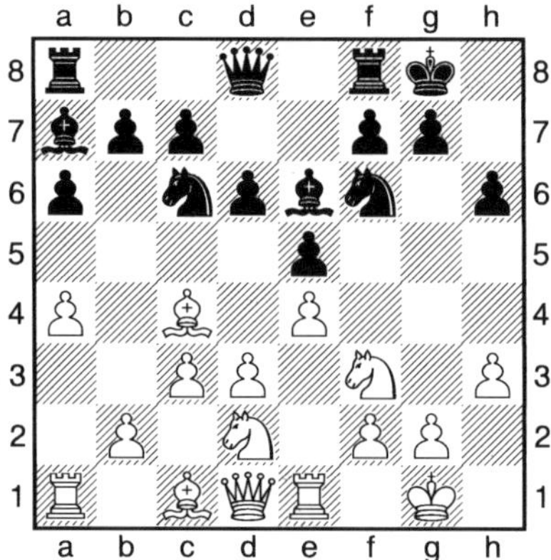

In dieser Ausgangsstellung kann Weiß nach dem letzten Zug Le6 einen schwarzen Doppelbauern auf der e-Linie herbeiführen, wobei allerdings die f-Linie für potenzielles Gegenspiel geöffnet wird. In diesem System wird oft ein Kampf entbrennen – und zwar zwischen dem weißen Positionsvorteil, der auf dem Raumvorteil am Damenflügel und dem schwarzen Doppelbauern beruht, sowie dem schwarzen Angriff am Königsflügel. Der weiße Plan basiert darauf, den schwarzen Angriff bereits in den Anfängen zu stoppen und im späteren Partieverlauf die statischen Vorteile auszuspielen. Um dies zu verwirklichen, gibt es einige typische Manöver, die in diesem Kapitel behandelt werden.

In der ersten Partie werden einige typische Pläne für beide Seiten gezeigt, wenn Schwarz versucht, am Damenflügel dagegenzuhalten.

(1) Karjakin, Sergey (2773)

So, Wesley (2810) [C54]

Sinquefield Cup Saint Louis 2017

In dieser Partie zwischen zwei absoluten Topspielern zeigt Karjakin instruktiv, wie das Gegenspiel am Königsflügel verhindert werden kann und wie die langfristigen Ziele von Weiß verwirklicht werden können.

1.e4 e5 2.Sf3 Sc6 3.Lc4 Lc5 4.0–0 Sf6 5.d3 0–0 6.h3 d6 7.c3 a6 8.a4 La7 9.Te1 h6 10.Sbd2 Le6 11.Lxe6 fxe6 12.b4

Weiß verliert keine Zeit und verhindert, dass Schwarz mit a5 den Aufmarsch am Damenflügel vereiteln kann.

12.Sf1?! a5! stört den weißen Plan.

12...De8 13.Sf1

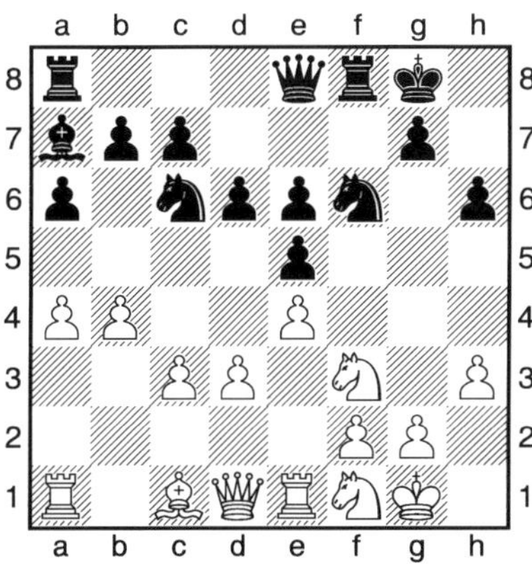

Ein allgemein nützlicher Zug: Der Springer kann eventuell von h2 den Sf3 stützen. Außerdem wird der Lc1 frei und kann entweder einen später auf f4 erscheinenden Springer schlagen oder sich auf e3 gegen den starken La7 abtauschen.

13...Sh5 14.Le3 Lxe3 15.Txe3 Sf4

Der Springer verhindert das typische g3 nebst Kg2.

16.Tb1

Weiß bereitet Spiel am Damenflügel vor.

16.Kh2?! wäre eine Möglichkeit, um g3 vorzubereiten, würde hier aber stark mit 16...d5 beantwortet.

– Dann wäre 17.g3? nicht möglich, da Schwarz nach 17...d4 18.cxd4 exd4 19.Te1 Sg6 zu schnell Gegenspiel bekommt.

– 17.d4 Dg6 18.Sg3 exd4 19.Sxd4 wäre noch die beste weiße Möglichkeit, die jedoch nicht im Sinne unseres Plans ist.

16...b5 17.Ta1

Nachdem Weiß durch die Drohung b4-b5 die Schwächung b7-b5 provoziert hat, steht der Turm nun wieder besser auf der a-Linie.

17...Dg6 18.Sg3 Df6 19.Se2!

Nach diesem guten Zug droht Weiß, den starken Sf4 abzutauschen und somit das Gegenspiel am Königsflügel weiter einzuschränken. Langfristig wird Karjakin das typische Manöver g3 nebst Kg2 einleiten und seine Figuren beispielsweise mit Seg1 und Te1 koordinieren.

19...Sg6

Schlecht wäre z.B. 19...Kh7? 20.Sxf4 exf4

(Nach 20...Dxf4 steht die Dame nicht optimal, da sie den Turm f8 verstellt und nach 21.g3 ein Tempo verliert; z.B. 21...Df7 22.Kg2 usw.)

21.Te1 mit großem Vorteil aufgrund des beweglichen Zentrums.

20.Db3 Kh8

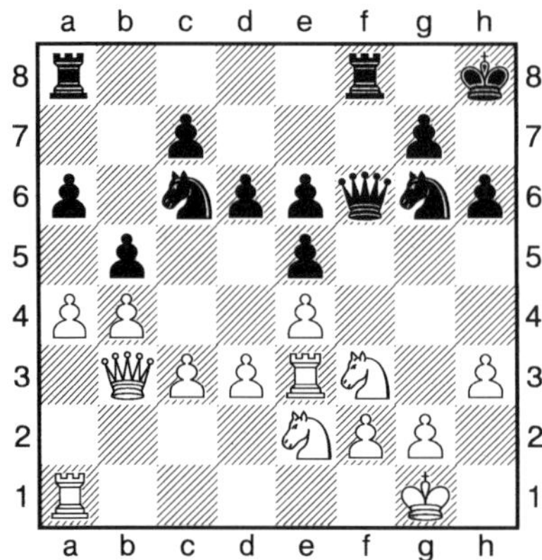

Momentan treten die weißen Figuren sich ein wenig auf die Füße, was Karjakin für eine interessante Umgruppierung nutzt.

21.Tf1

– 21.Kh2 De7 22.Seg1 gefolgt von Te1 oder Te2 nebst g3 wäre auch ein logischer Plan gewesen.

– Sofort 21.g3?? geht nicht, da der auf e3 schlecht stehende Turm dem Schwarzen die taktische Möglichkeit 21...d5! 22.exd5 Sce7 23.dxe6 bxa4–+ bietet.

21...Tab8 22.g3?!

Die Zugfolge 22.Sh2 Df7 23.g3 wäre genauer.

22...Df7

Hier übersahen beide Spieler die Möglichkeit 22...Sf4!!, die Weiß vor Probleme gestellt hätte. Nach 23.axb5 axb5 24.Sxf4 exf4 25.Tee1 fxg3 26.fxg3 Se5 27.Sxe5 Dxe5 zeigt sich die Idee des Computers, nach der Schwarz leichten Vorteil angesichts des geschwächten gegnerischen Königs hat.

23.Sh2

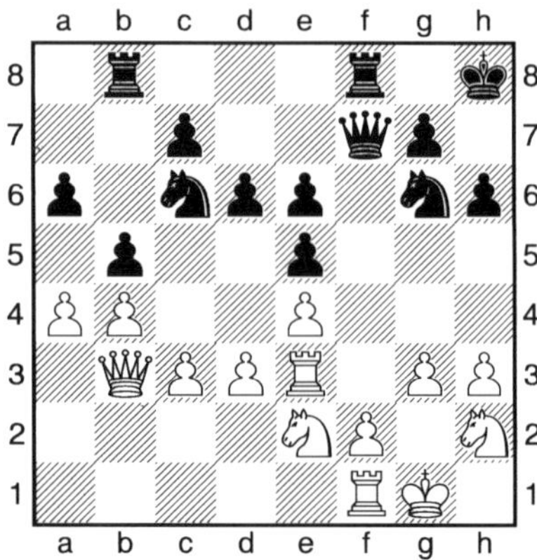

Nun zeigt sich Karjakins Idee und der Sinn des Turmzugs nach f1 wird klar: Weiß will mit Te3-f3 seinen etwas deplatzierten Turm abtauschen.

23...d5

Dieser Vorstoß ist immer ein zweischneidiges Schwert. Zwar gewinnt Schwarz Raum, schwächt aber auch die Felder c5 und e5, die im späteren Partieverlauf noch eine wichtige Rolle spielen werden.

24.Tf3 Dd7 25.axb5 axb5 26.Kg2 Txf3 27.Sxf3 Tf8 28.Seg1

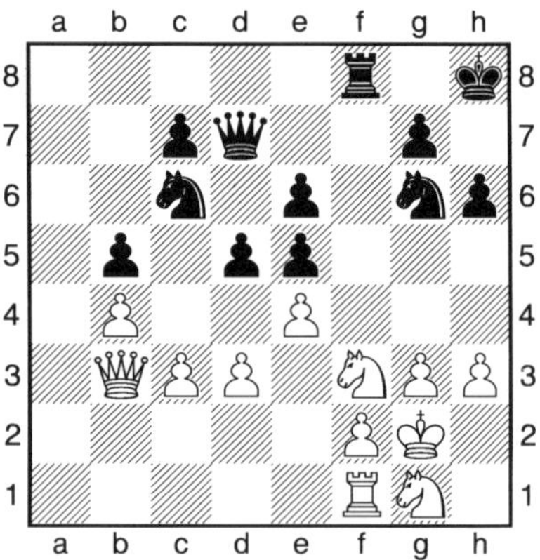

Weiß ist endgültig optimal stabilisiert und kann nun beginnen, die schwarzen Schwächen aufs Korn zu nehmen.

28...Ta8 29.Tc1 Dd6 30.Se1 Sge7 31.Sgf3

Sg8 32.Sc2 Sf6 33.Te1 Tf8 34.Sa3 Tb8 35.Sc2 Tf8 36.Sa3 Tb8 37.Sb1 Sd7 38.Sbd2

Die Springer wurden abermals umgruppiert und Weiß wird vergeblich versuchen, die Schwächen anzugreifen. Weiß steht klar angenehmer, wenngleich der Computer nur leichten weißen Vorteil gibt.

38...d4 39.Tc1 dxc3 40.Dxc3

Schwarz hat als erster die Struktur verändert und doch sind seine Schwächen erhalten geblieben.

40...Tb6 41.Sb3 Sxb4 42.Dxc7 Kh7 43.d4 Dxc7 44.Txc7 Sf6 45.Sc5 Sa6?

Stattdessen wäre 45...exd4 46.Te7 d3 47.Sxe6 die letzte Chance für Schwarz gewesen.

46.Tc8 Sxc5 47.dxc5 Ta6 48.Sxe5 Sxe4 49.c6 Ta2 50.Kf3 Sg5+ 51.Ke3 Sxh3 52.Tb8 Tc2 53.f4 h5 54.Txb5 Sf2 55.Kd4 Td2+ 56.Kc5 Se4+ 57.Kb6 Tc2 58.c7 Sd6 59.Tb3 Se8 60.Sc6 Sxc7 61.Kxc7 Tc4 62.Kd6 h4 63.Se5 1–0

Fazit: Zwar hat Schwarz den Vorstoß am Damenflügel lange verhindert, aber da Weiß seinen Königsflügel koordinieren konnte, bekam Schwarz kein Gegenspiel. Auch wenn die Stellung lange objektiv ausgeglichen schien, setzte sich am Ende die angenehmer zu spielende weiße Seite durch.

Das erste Beispiel zeigte, wie Weiß langsame Fortschritte machen kann, auch wenn Schwarz am Damenflügel mit Zügen wie b5 dagegenhält. In der nächsten Partie kann Weiß schnell die Damen tauschen und so den Königsflügel stabilisieren, um dann ohne zu große Gegenwehr am Damenflügel Fortschritte zu machen.

(2) Ragger, Markus (2668)

Sermier, Guillaume (2405) [C54]

Schweiz 2018

1.e4 e5 2.Sf3 Sc6 3.Lc4 Lc5 4.d3 Sf6 5.c3 d6 6.0–0 a6 7.a4 La7 8.Te1 h6 9.Sbd2 0–0 10.h3 Le6 11.Lxe6 fxe6 12.b4 Sh5 13.Sf1

Wie in der Partie Karjakin - So ist Sf1 ein guter und allgemein nützlicher Zug.

13...De8 14.Ta2!

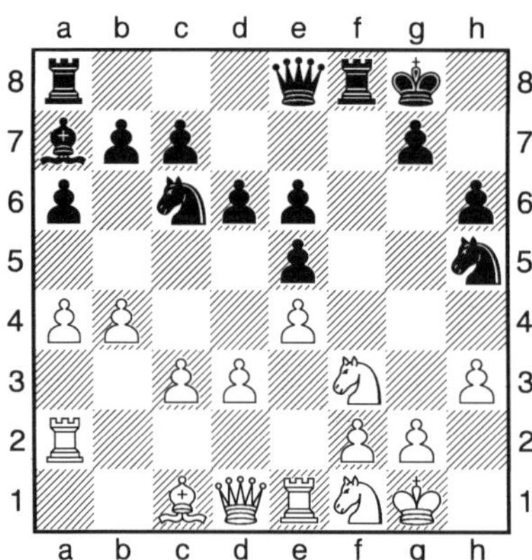

Ein weiterer multifunktionaler Zug: Von a2 aus kann der Turm immer noch den Damenflügel unterstützen, aber durch die Deckung des Bauern f2 werden einige taktische Motive aus der Stellung genommen, die zum Beispiel nach 14.b5?? axb5 15.axb5 Lxf2+ möglich wären.

14...Sf4 15.Kh2

Weiß bereitet g3 vor.

15...Dh5 16.Sg1

Ragger will die Damen tauschen, um am Damenflügel und im Zentrum freie Hand zu haben.

16...Dxd1

16...Dg6 17.g3 Sh5 18.Sf3 Tf6 19.Le3 Lxe3 20.Txe3 wäre eine Beispielvariante, wenn Schwarz die Damen auf dem Brett behält. Danach kann Weiß sich zum Beispiel mit Kh1 und S1h2 konsolidieren und dann sein typisches Spiel am Damenflügel fortsetzen.

17.Txd1 a5

Dieser Vorstoß ist nicht forciert, wohl aber logisch, um Linienöffnung zu vermeiden.

18.b5 Sb8 19.d4!?

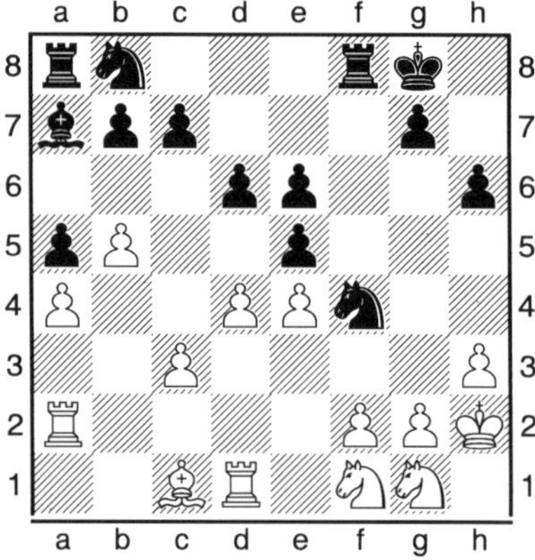

Weiß wird den Doppelbauern auflösen und danach versuchen, die c-Linie und den Raumvorteil zu nutzen. Außerdem ist der Läufer auf a7 jetzt konstant aus dem Spiel, da das weiße Zentrum schwer anzugreifen ist.

19...Sd7

Die radikale Lösung 19...exd4 20.cxd4 c5 hätte das Spiel auf der c-Linie gestoppt, obwohl Weiß auch hier aufgrund seines Raumvorteils angenehmes Spiel hat; z.B. 21.g3 Sh5 22.d5 exd5 23.exd5.

20.Le3 Sg6 21.Sf3 Sf6 22.Sg3 exd4 23.cxd4 d5 24.e5

Die Zentrumsstruktur hat sich geklärt und in der jetzt entstandenen beruht der weiße Vorteil auf dem potenziellen Druck auf der c-Linie, dem schlechten Läufer auf a7 und dem Raumvorteil. Da Schwarz kein Gegenspiel auf der f-Linie entwickeln kann, muss es sich verteidigen.

24...Sd7

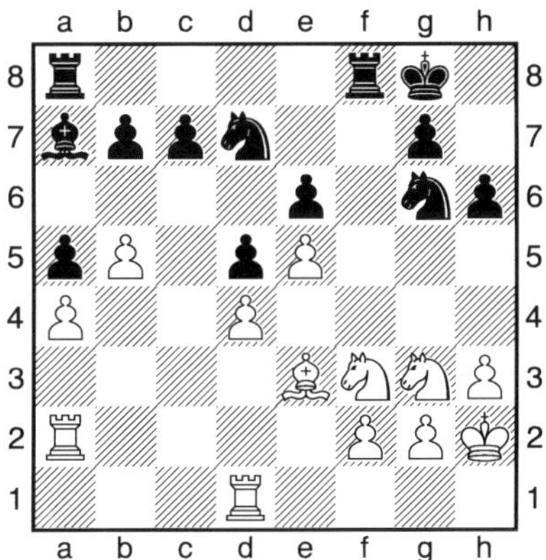

24...Se4 25.Tc2 Sxg3 26.fxg3 hilft Schwarz auch nicht.

25.Tc2 Lb6 26.Se2 Tfc8 27.Tdc1 Se7 28.Sf4 Kf7 29.g4

Weiß wird nach und nach seine Figurenstellung weiter verbessern und Schwarz hat zu viele Probleme.

29...c6 30.bxc6 Txc6 31.Txc6 Sxc6 32.g5 Th8

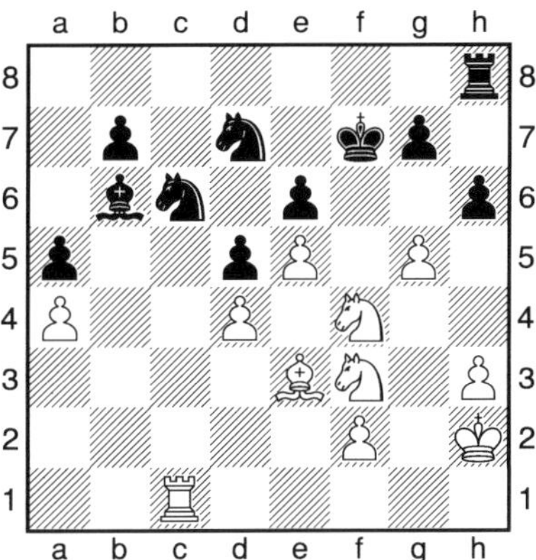

33.Tb1?

33.g6+ Ke7 34.Sh5+– wäre genauer, aber auch die Partiefortsetzung gibt Weiß Vorteil.

33...Se7 34.Tc1 Sf5 35.Tc3 Te8 36.h4 Th8 37.g6+ Ke7 38.Lc1 Te8 39.Se2 Kd8 40.h5 Sb8 41.Tb3 Kc7 42.La3 Sd7 43.Td3 Kb8 44.Sf4 Lc7 45.Kh3 Sb6 46.Kg4 Sxa4 47.Sxe6 Txe6 48.Kxf5+–

Nachdem Weiß alle Figuren optimal aktiviert hat, kann er nun den Raumvorteil nutzen und steht klar auf Gewinn.

48...Te8 49.Tb3 Sb6 50.Sd2 Ka7 51.Tc3 Ld8 52.f4 Sa4 53.Tc8 b5 54.Ld6 Sb6 55.Tb8 a4 56.Lc7 Lxc7 57.Txe8 Sc4 58.Sxc4 bxc4 59.e6 a3 60.e7 a2 61.Ta8+

1-0

Fazit: Nach dem frühen Damentausch brauchte Weiß sich schon bald keine Gedanken mehr um den Königsflügel zu machen. Entsprechend konnte er dann durch die Transformation im Zentrum den Doppelbauern gegen Raumvorteil und die Schwächen e6 und c7 eintauschen und somit gutes Spiel erlangen.

2.1.1 Zusammenfassung der Pläne

In dem System mit frühem Le6 erhofft Schwarz sich Spiel am Königsflügel, das jedoch schwer zu realisieren ist, wenn Weiß die richtigen Pläne kennt. Mit welchen Möglichkeiten dieses Gegenspiel zu verhindern ist, wurde in den beiden Beispielpartien mit Damentausch und Stabilisierung des Königsflügels veranschaulicht. Die statischen Vorteile der weißen Stellung bleiben bestehen, auch wenn Weiß erst nach einigen Zügen Fortschritte machen kann.

Es folgt eine kurze Zusammenfassung der typischsten Motive, die Weiß in diesen Stellungen nutzen kann.

Kontrolle der Felder f4 und h4

Um den Königsflügel ausreichend unter Kontrolle zu bekommen, kann Weiß dem Gegner vor allem das kritische Feld f4 nehmen, indem er g3 spielt. Da nach dieser Lockerung der Sf3 seine sichere Deckung verliert, kann der andere Springer zur Stabilisierung genutzt werden, typischerweise von h2 oder g1 aus (siehe die Partie Karjakin – So).

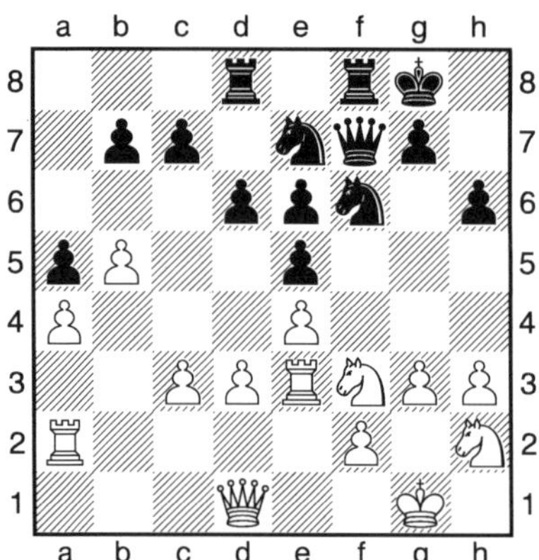

Vachier-Lagrave, Maxime (2779)
Nakamura, Hikaru (2777) [C54]
Blitz Chess.com INT 2018

Die Diagrammstellung zeigt eine typische Stellung, in der Weiß den optimalen Aufbau erreicht hat und diesen gegebenenfalls noch mit Kg2 verstärken kann.

Abtausch des Springers auf f4

Eine weitere Möglichkeit, mit der Weiß das Gegenspiel abschwächen kann, besteht im Abtausch eines auf f4 auftauchenden Springers. Dies ist am besten, wenn Schwarz nur mit der Dame zurückschlagen kann, da diese dann die Koordination der schwarzen Figuren stört. Da die Dame mit g3 schnell vertrieben werden kann, wird das weiße Manöver g3, S1h2, Kg2 beschleunigt.

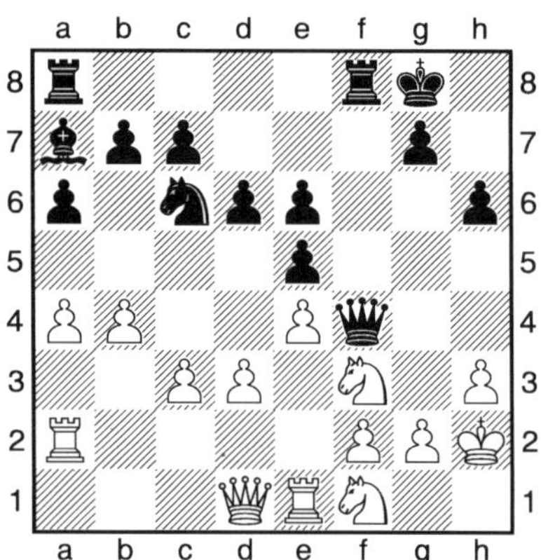

Relyea, Alexander (2289)
Roy, Rabirashmi (2188) [C54]
ICCF email 2021

In dieser nach dem Abtausch auf f4 typischen Stellung kann Weiß mit Kh1, S1h2, g3 fortsetzen, da die Dame auf f4 den Tf8 blockiert.

Raumgewinn durch b5 gefolgt von d4

Weiß kann den Vorteil, den der aufgrund des gegnerischen Doppelbauern hat, folgendermaßen umformen: Mit dem Vorstoß d3-d4 (zumeist mit b4-b5 vorbereitet) verschafft er sich Raumvorteil im Zentrum und am Damenflügel und kann dann sein weiteres Spiel konkretisieren. Da Schwarz nach d4 zum Abtausch gezwungen ist, um einen isolierten Doppelbauern auf e5 und e6 zu vermeiden, öffnet sich für Weiß die c-Linie gegen die Schwäche auf c7 (siehe Beispiel 2).

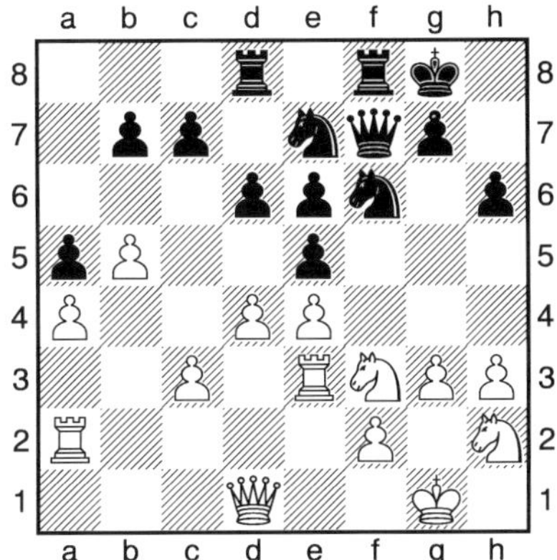

Vachier-Lagrave, Maxime (2779)

Nakamura, Hikaru (2777) [C54]

Blitz Chess.com INT 2018

Hier folgte 1...exd4 2. exd4 e5 und nach 3.Tc2 Sg6 4.d5 Tc8 5.Dc1 stand Weiß besser.

Multifunktionale Wirkung eines Turms auf a2

Auf a1 unterstützt der Turm zwar den langfristigen Plan am Damenflügel, aber von a2 aus kann er zusätzlich den Königsflügel verteidigen. Auch ermöglicht die Turmposition auf a2 den Vorstoß b4-b5, da gewisse gegnerische Taktikmotive ausgeschaltet werden (siehe Beispiel 2).

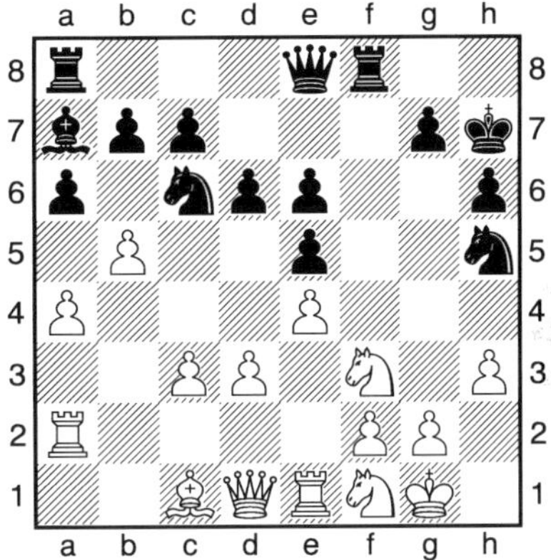

Der Abtausch des La7

Da der Lc1 auf der Diagonale c1-h6 keine aktive Verwendung findet, kann er sich höchstens gegen einen auf f4 auftauchenden Springer abtauschen oder auf e3 den Läufer auf a7 neutralisieren. Dieser hat mit f2 nicht nur die größte weiße Schwäche im Visier, sondern kann nach der eventuellen Folge d4 exd4 cxd4 von b6 aus die Schwäche c7 decken. Und da die Felderschwäche f4 zumeist mit g3 kontrolliert wird, hat der Läufer in der Regel sowieso keine bessere Aufgabe, als von e3 aus seinen gefährlichen Gegenspieler zu neutralisieren (siehe Beispiel 1, Ausnahme siehe Beispiel 2).

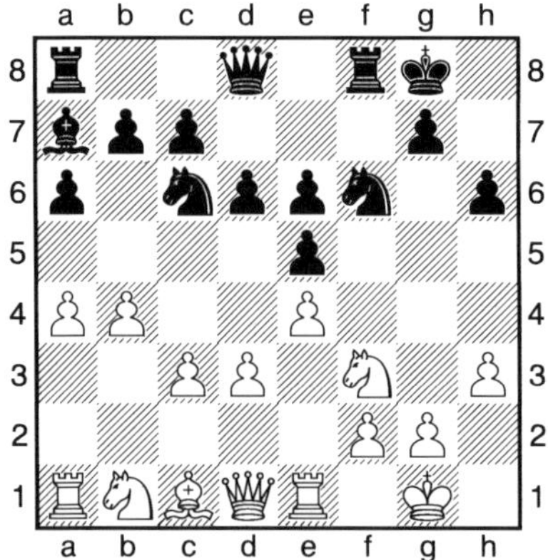

Dies ist eine typische Stellung, in der Weiß mit Le3 Lxe3 Txe3 abtauschen kann.

2.1.2 Aufgaben zum System mit frühem Le6

(1)

Nach 15...a5 steht Weiß vor der Entscheidung, wie er am Damenflügel Fortschritte machen kann. In der Partie folgte: **16.Db3 De7 17.d4 axb4 18.Dxb4.** Wie ist diese Entwicklung einzuschätzen? Was wäre eine eventuelle Alternative gewesen?

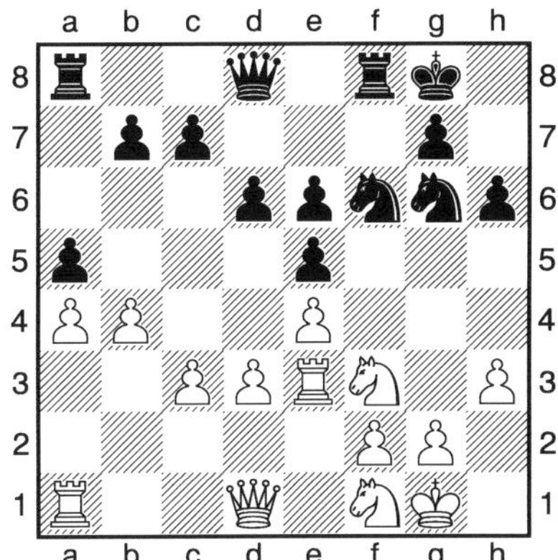

Karjakin, Sergey (2752)

Kovalev, Vladislav (2648) [C54]

Titled Tuesday Chess.com INT 2020

(2) Hier wählte Carlsen als Weißer eine typische Abwicklung. – Nämlich welche?

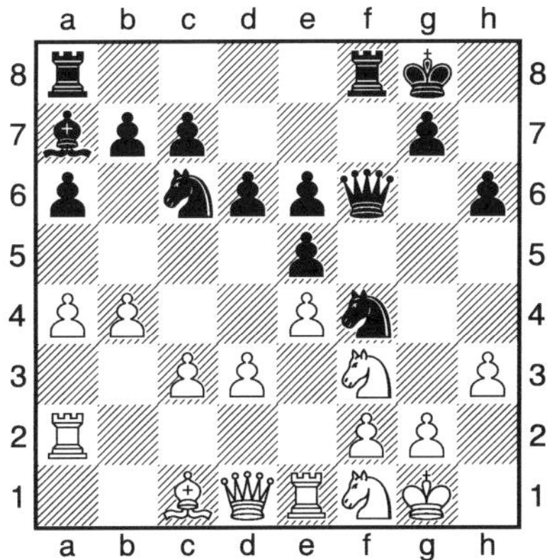

Carlsen, Magnus (2863)

Tang, Andrew (2538) [C54]

Bullet Lichess.org INT 2020

2.1.3 Lösungen der Aufgaben mit frühem Le6

(1) Die von Karjakin gewählte Fortsetzung **18...exd4 19.cxd4 b6** bietet Weiß keinen signifikanten Vorteil. Zwar hat er etwas mehr Raum im Zentrum, aber mit dem Bauern auf a4 auch eine potenzielle Schwäche.

Auch wenn Karjakin die Partie im späteren Verlauf gewann, hätte Schwarz nach **20.Sg3 Ta5 21.Dc4 Sf4 22.Dc6** angenehmes Spiel bekommen können – und zwar mit **22...Tfa8!** (statt der Partiefolge 22...Se8?+=), wonach Schwarz mit T8a7 die Schwäche c7 decken kann und der Bauer a4 schwach bleibt.

Alternativ zu der von Karjakin gewählten Variante war es auch möglich, wie in der Partie Ragger - Guillaume mit **16.b5** oder alternativ **16.Db3 De7 17.b5** den Damenflügel geschlossen zu lassen und dann mit dem Raumvorteil zu spielen.

In der Partie von Karjakin hätte **18.dxe5 Sxe5 19.Sxe5 dxe5 20.cxb4** gutes Spiel gegen den doppelten e-Bauern versprochen.

(2) Carlsen spielte hier **15.Lxf4! Dxf4 16.b5**, wonach Weiß gutes Spiel am Damenflügel erhält und die Koordination der schwarzen Figuren stören kann. Die Dame auf f4 hindert den Tf8 daran, gegen den Sf3 zu wirken und kann außerdem leicht zum Opfer des Tempogewinns g2-g3 werden. Der Läufer auf a7 ist zwar aktuell eine starke Figur, kann aber nach dem Vorstoß d3-d4 außer Spiel geraten.

2.2 Le6 nach Vorbereitung

Möchte Schwarz sich nicht auf den Doppelbauern auf e6 und e5 einlassen, aber trotzdem die weißfeldrigen Läufer tauschen, kann er dies mit Te8 vorbereiten.

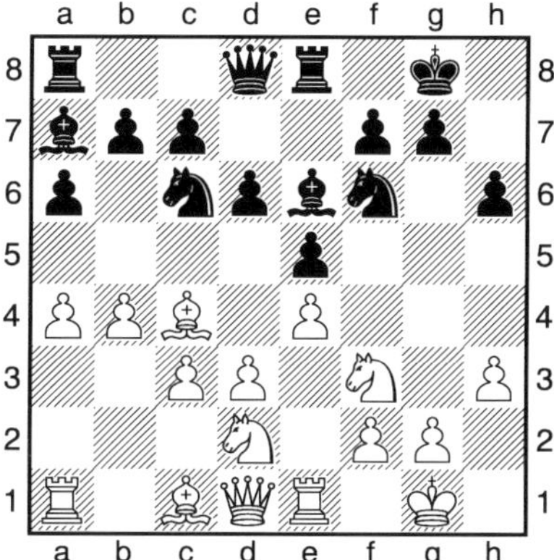

Dies ist die Ausgangsstellung, die in diesem Kapitel behandelt wird. Sie unterscheidet sich grundsätzlich von der Stellung mit frühem Le6, da Schwarz mangels der halboffenen f-Linie nicht mehr auf dem Königsflügel angreifen kann, sondern sein Spiel durch den baldigen Vorstoß d6-d5 eher im Zentrum suchen wird. Dies liegt vor allem daran, dass Schwarz keinen Doppelbauern auf e6 und e5 hat, der nach dem Vorstoß d6-d5 geschwächt würde, weil der Bauer e5 schwerer zu schützen wäre. Weiß wird auch hier versuchen, von seinem Raumvorteil am Damenflügel zu profoitieren.

In der ersten Partie zeigt Wesley So, wie Weiß bei geschlossenem Zentrum am Damenflügel spielen kann.

(3) So, Wesley (2770)

Le, Quang Liem (2709) [C54]

chess24.com INT 2020

1.e4 e5 2.Sf3 Sc6 3.Lc4 Lc5 4.0–0 Sf6 5.d3 d6 6.c3 a6 7.a4 h6 8.Te1 0–0 9.h3 Te8 10.Sbd2 Le6

Über Zugumstellung wurde die Ausgangsstellung der Te8-Variante erreicht.

11.Lxe6 Txe6 12.b4 La7

Die bereits bekannte Grundstellung.

13.Dc2

Mit diesem allgemein nützlichen Zug unterstützt die Dame von c2 aus potenzielle Vorstöße am Damenflügel und überdeckt den e4, um den Vorstoß d6-d5 mit Se2 beantworten zu können. Außerdem geht sie prophylaktisch der eventuell bevorstehenden Öffnung der d-Linie aus dem Weg.

13...Dd7

Auch Schwarz entwickelt seine Dame, so dass mit dem Ta8 die letzte unentwickelte Figur ins Spiel gebracht werden kann.

14.Sf1

Nach diesem Standardzug kann der Lc1 aktiviert und der Springer nach e3 oder g3 umgesetzt werden.

14...d5 15.Le3 Lxe3

Nach der Alternative 15...d4!? kann die Partie folgenden Verlauf nehmen: 16.cxd4 Sxd4 17.Lxd4 Lxd4 18.Sxd4 Dxd4 19.Dxc7 Dxd3 20.Tad1 Db3 21.Dxb7. Mit seinem Mehrbauern kann Weiß selbst in objektiv ausgeglichener Stellung ohne Risiko weiterspielen.

16.Sxe3

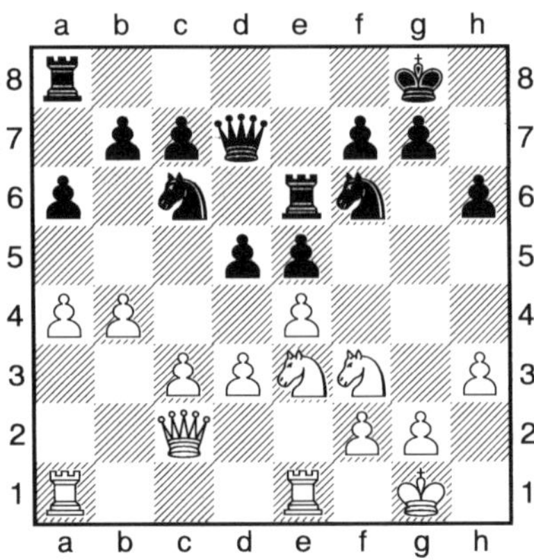

Weiß tauscht die schwarzfeldrigen Läufer ab, da das eigene Exemplar auf der Diagonale c1–h6 weniger Perspektiven hat als das gegnerische auf a7. Der Springer auf e3 strebt die weißen Felder an.

16...Td8

Quang Liem hat all seine Figuren aktiviert, aber Weiß hat weiterhin Raumvorteil.

17.b5 Se7

Die Öffnung der a-Linie mit 17...axb5 18.axb5 würde nach 18...Se7 19.c4 usw. nur dem Weißen helfen.

18.c4

Wesley So nimmt mehr Raum und hat keine Angst vor der Öffnung der d-Linie.

18...d4

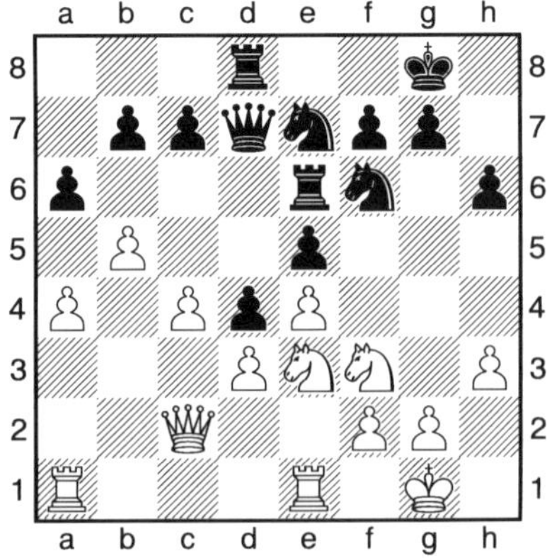

Angesichts des geschlossenen Zentrums kann Weiß weiter am Damenflügel spielen, während es für Schwarz schwerer ist, Gegenspiel am Königsflügel zu schaffen.

Nach 18...dxc4 19.dxc4 muss Schwarz die Linie nach dem kommenden Ted1 aufgeben, da der Turm auf e6 deplatziert ist; z.B. 19...Dc8 (19...Dd3?? 20.Tad1) 20.Ted1.

19.Sf5

Die mögliche Alternative 19.Sd5 wurde in der Fernpartie Kireev – Markus ausprobiert.

19...a5?!

Mit der Auflösung der Spannung am Damenflügel versucht Schwarz, Linien geschlossen zu halten, erlaubt jedoch den Vorstoß c6-c5.

– 19...Sxf5? scheitert taktisch an 20.exf5 Tee8 21.bxa6! bxa6 22.Sxe5 Dxf5 23.Sc6+–.

– Nach dem sinnvollen Zug 19...Kh7, um die Spannung aufrechtzuerhalten und den Vorstoß c4-c5 zu erschweren, wäre 20.Tab1 Te8 21.c5 eine mögliche Fortsetzung gewesen.

20.c5 Te8

Mit der Drohung Sxf5.

21.Sg3 Sg6 22.Tac1 Sf4 23.Kh2

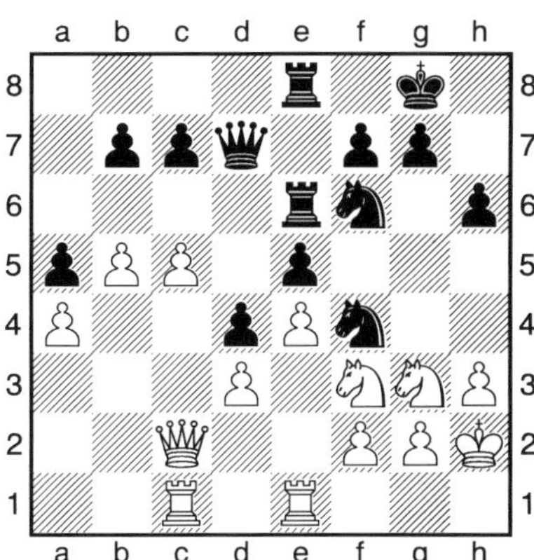

Der König steht auf h2 gut zur Vorbereitung des eventuellen typischen Vorstoßes g2-g3 nach Wegzug des Sg3.

23...Sh7?

Schwarz hätte 23...S6h5 24.Sxh5 Sxh5 25.g3 spielen sollen, um mehr Platz für seine Figuren zu schaffen. Aber auch dann hätte Weiß das angenehmere Spiel.

24.Dd2

Die Drohung Sxe5 zwingt Schwarz zu einem Zugeständnis.

24...f6?

– 24...b6? 25.Sxe5 Txe5 26.Dxf4+–

– Hier hätte Schwarz 24...Tf6 25.Sf5 Dc8 26.b6!? versuchen sollen, obwohl Weiß auch dann angesichts seines Spiels am Damenflügel klar besser steht.

25.Sf5

In Anbetracht der schwarzen Felderschwächen am Königsflügel sowie des eigenen Raumvorteil am Damenflügel steht Weiß klar besser.

25...Sg6 26.Dxa5 Sg5 27.Sxg5 fxg5 28.c6?!

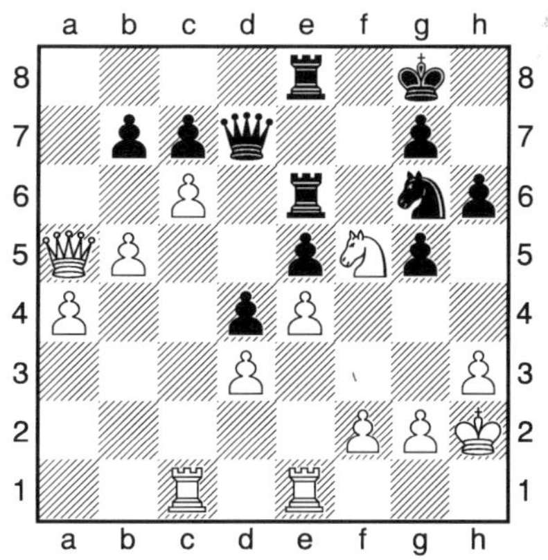

Eine nette Idee, um den Raumvorteil umzumünzen, obwohl hier schon viele Wege nach Rom führen.

28...bxc6 29.bxc6 Df7

Nach 29...Txc6 und der taktischen Rechtfertigung 30.Db5! läuft der a Bauer.

30.Db5 Sh4 31.f3 Sxf5 32.exf5 Dxf5 33.Te4

Weiß hat einen Bauern zurückgegeben, aber der a-Bauer wird zum Gewinn reichen.

33...Df8 34.a5 Ta8 35.a6 Kh7 36.Db7 Db8 37.Tb1 Da7 38.Ta1 Tee8 39.Db5 Db6 40.Txe5 Txe5 41.Dxe5 Txa6 42.Df5+ 1–0

Fazit: In dieser Partie hat So keinerlei Gegenspiel am Königsflügel zugelassen und ist im richtigen Moment am Damenflügel durchgebrochen.

Im nächsten Beispiel wurde das Zentrum nicht geschlossen, sondern die d-Linie wurde geöffnet. Der weiße Plan bleibt ähnlich, aber um Gegenspiel zu verhindern, muss Weiß genauer spielen als mit dem statischen Zentrum.

(4) So, Wesley (2772)

Firouzja, Alireza (2759) [C54]

Rapid chess24.com INT 2021

1.e4 e5 2.Sf3 Sc6 3.Lc4 Sf6 4.d3 Lc5 5.0–0 d6 6.c3 a6 7.Te1 La7 8.a4 0–0 9.h3 h6 10.Sbd2 Te8 11.Sf1

In dieser Partie beginnt So mit 11.Sf1 statt mit 11.b4, was in der Partie So – Le nach 11...Le6 12.Lxe6 Txe6 13.Dc2 Dd7 14.Sf1 d5 durch Zugumstellung zu unserer Ausgangsstellung führte.

11...Le6 12.Lxe6 Txe6 13.b4 d5 14.Dc2 Dd7 15.Le3 Lxe3 16.Sxe3 Se7

Dies ist die erste Abweichung von der Beispielpartie 3: Der Springer wird nach g6 umgesetzt und b5 würde nicht mehr mit Tempo erfolgen.

17.c4

Da b5 nicht direkt geht, muss es vorbereitet werden und c4 gehört ohnehin zum weißen Plan.

17...dxc4?!

Firouzja spielt die aus menschlicher Sicht sinnvolle Antwort, denn er will nicht das Zentrum schließen, um dann ohne Gegenspiel auf die weiße Bauernwalze zu warten.

– In der Partie So – Carlsen folgte 17...d4 und nach 18.Sf5 entwickelte sich das Spiel ähnliche wie in Beispielpartie 3.

– Wenn Schwarz mit 17...c6 die Spannung im Zentrum aufrechterhält, kann Weiß seine Stellung mit 18.c5! weiter verbessern. Ihm stehen Pläne wie zum Beispiel g3, Kg2 oder Sh4-f5 zur Wahl, während Schwarz weiterhin kein Gegenspiel erzeugen kann. Außerdem wäre der Vorstoß d5-d4 schwerer durchzusetzen; z.B. 18...d4?? 19.Sc4.

18.dxc4

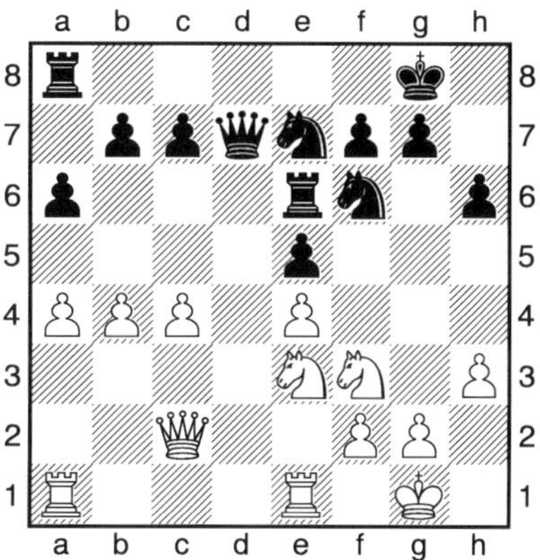

18...Sg6 19.c5

Dies ist nicht der einzige Zug, denn Weiß konnte diesen zu seinem Plan gehörenden Vorstoß auch erst noch besser vorbereiten.

19...Dc6

Hier übersahen beide Spieler einen nun möglichen starken Zug.

20.Tad1

Mit diesem ebenfalls logischen Zug bereitet Weiß Fortsetzungen wie Sd5 vor, aber der direkte Vorstoß 20.b5! wäre genauer und entsprechend besser gewesen; z.B. 20.b5! De8

(Die Öffnung der a-Linie mit 20...axb5

21.axb5 ändert nach 21...De8 22.Dc4 nichts an der Einschätzung der Stellung.)

21.Dc4

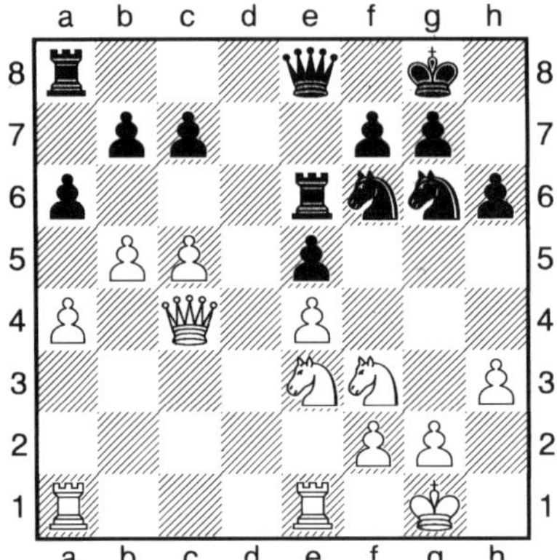

Hier steht Weiß besser, denn auch die Tempoverluste Dc6 und De8 haben nur ihm geholfen. Und während Schwarz kein Gegenspiel hat, kann Weiß seine Stellung weiter verbessern und im richtigen Moment mit beispielsweise c5-c6 analog zur Partie So - Le durchbrechen.

20...b6

Firouzja will beweisen, dass die weißen Bauern nicht stark, sondern schwach sind. Wenn So jedoch genau spielt, kann er einen kleinen Vorteil behalten. Angesichts seines Raumnachteils wird es nicht einfach für Schwarz, die Bauern zu gewinnen.

21.Sd5 bxc5 22.b5?

Mit diesem Ansatz gewinnt So zwar den Bauern c5 zurück, aber in der Folge hat Schwarz den Befreiungsschlag c6!, den er mit dem Bauern auf c5 nicht hätte.

Nach der besseren Fortsetzung 22.bxc5 behält Weiß den Keilbauern c5, der zusammen mit dem Sd5 viele Felder in der schwarzen Stellung kontrolliert.

– Eventuell übersah So, dass Weiß nach 22...Sd7 mit der starken Erwiderung 23.Te3! aktiv bleibt und besser steht.

– Und nach 22...Tee8 23.Te2 Tad8 24.Ted2...

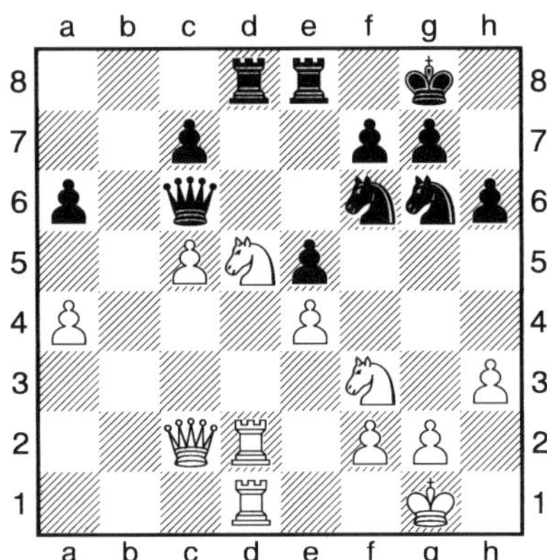

... kontrolliert Weiß die Linie und Schwarz sucht vergeblich nach Gegenspiel, da zum Beispiel 24...Sd7?? an 25.Sb4 gefolgt von c6 scheitert. Weiß kann die Stellung des Sf3 und der Dc2 verbessern – oder sogar mit dem langsamen g3 nebst Kg2 klarstellen, dass der Gegner keinen aktiven Plan hat.

22...axb5 23.axb5 Db7 24.Dxc5 Sxd5 25.Txd5

Auch nach der Alternative 25.exd5 hat Weiß nicht mehr die Kontrolle, die er mit dem Bauern auf c5 hatte. Nach der möglichen Folge 25...Tb6 26.Sxe5 Sxe5 27.Txe5 Txb5= wird Schwarz auch in diesem Endspiel keine Probleme haben.

25...c6!

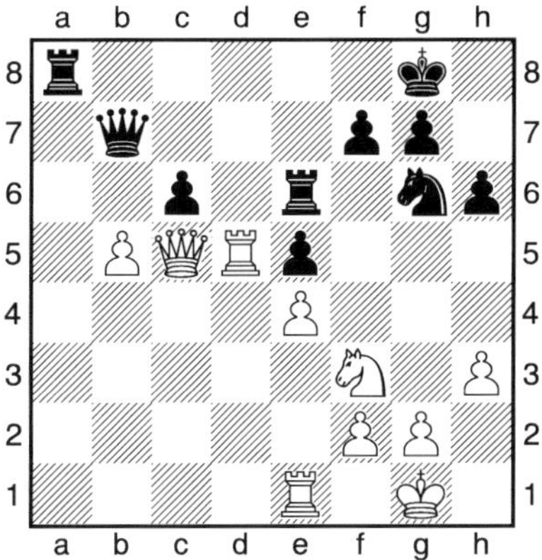

Im Unterschied zur Struktur mit dem Bauern auf c5 hat Schwarz hier diesen starken Bauernhebel.

26.bxc6 Txc6 27.De3

Die Struktur ist symmetrisch und Schwarz hat all seine Probleme gelöst. Durch einige ungenaue Züge hat So seine Chancen auf Vorteil vergeben.

27...Dc7 28.Ted1 Tc3 29.T5d3 Txd3 30.Dxd3 Tc8 31.g3 Dc3 32.De2 Sf8 33.Td5 Dc4 34.Dxc4 Txc4 35.Txe5 f6 36.Te8 Kf7 37.Ta8 Txe4 38.Ta7+ Te7 39.Txe7+ Kxe7 40.Kf1 Se6 ½–½

Fazit: Durch die Öffnung der d-Linie hat Schwarz (ähnlich wie bei dem geschlossenen Zentrum aus Beispiel 1) kein Gegenspiel generieren können. Weiß hatte eine aussichtsreiche Stellung, konnte seinen Raumvorteil jedoch nicht entscheidend umsetzen, weil er an den entscheidenden Stellen (20.b5! und 22.bxc4) die beste Lösung nicht fand. Trotz der Vereinfachungen, die zum Remis führten, konnte nur Weiß aktive Züge spielen, während Schwarz nur abwarten konnte und eine unangenehme Stellung verteidigen musste.

2.2.1 Zusammenfassung der Pläne

Das System mit Te8 gefolgt von Le6 ist eine sehr solide Wahl für Schwarz. Er lässt sich nicht auf den Doppelbauern auf e6 und e5 ein und hat somit nicht den statischen Nachteil in seiner Struktur. Weiß hat vergleichbares Spiel am Damenflügel, aber wenn Schwarz d5 spielt, kann er entweder das Zentrum schließen oder durch Öffnung der d-Linie auf Spiel hoffen. Da die f-Linie jedoch geschlossen bleibt, ist der weiße König sicherer und Weiß kann am Damenflügel schneller Fortschritte machen.

Der Vorstoß c4 gefolgt von c5

Zum weißen Plan gehört es immer, Schwarz vor die Entscheidung zu stellen, was er mit dem d5 Bauern zu tun gedenkt. Außerdem bereitet Weiß Fortschritte mittels der Vorstöße c5 oder b5 vor. Stößt der Bauer nach c5 vor, verhindert dieser Hebel schwarzes Gegenspiel sowie auch den Schwenk Te6-d6. Wie der Bauer c5 als Keil genutzt werden kann, wird in den beiden Beispielpartien gezeigt, in denen dieser die schwarzen Figuren einschränkt.

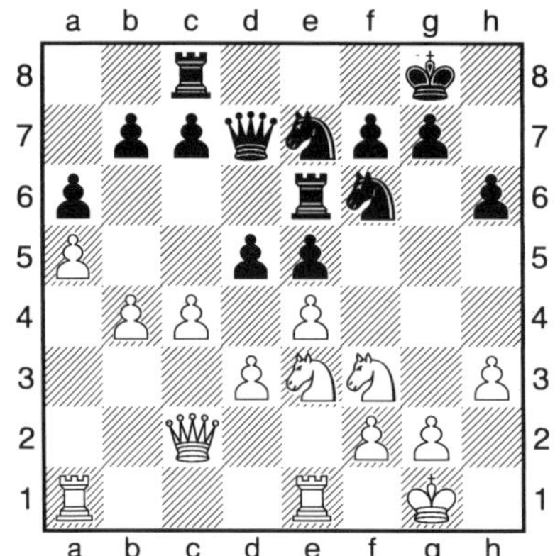

Antal, Jozef (2338)
Polakovic, Pavol (2421) [C54]
Slowakei ICCF email 2020

Das geschlossene Zentrum

Nach c3-c4 kann Schwarz mit d5-d4 das Zentrum schließen, wie es in Beispiel 1 zu sehen war. Dadurch wird das weiße Spiel am Damenflügel tendenziell eher vereinfacht, da Schwarz kein Gegenspiel im Zentrum hat. Weiß wird mit c4-c5 oder b4-b5 fortsetzen und versuchen, mit langsamen Plänen Fortschritte zu machen.

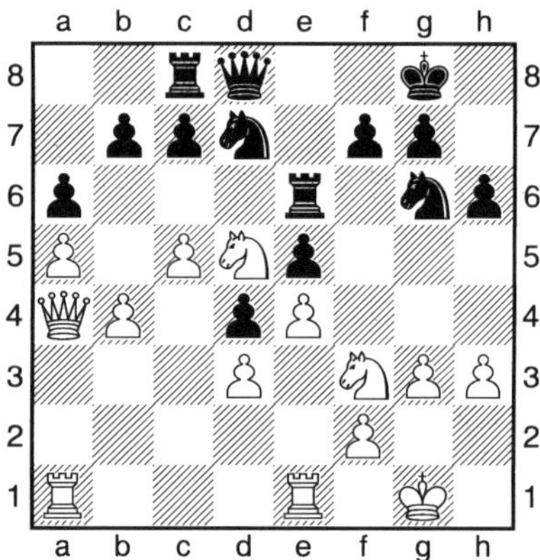

Antal, Jozef (2338)
Polakovic, Pavol (2421) [C54]
Slowakei ICCF email 2020

Dieses Diagramm zeigt eine typische Stellung mit geschlossenem Zentrum.

Das offene Zentrum

In der zweiten Beispielpartie zeigte Firouzja, wie man bei offenem Zentrum Gegenspiel schaffen kann. Angesichts der offenen d-Linie kann Weiß nicht so frei am Damenflügel agieren, hat aber trotzdem Möglichkeiten, Fortschritte zu machen. Die d-Linie gibt Schwarz zwar potenziell Spiel, ist aber in den meisten Fällen von wenig Nutzen, da die weißen Springer die wichtigsten Einbruchsfelder kontrollieren.

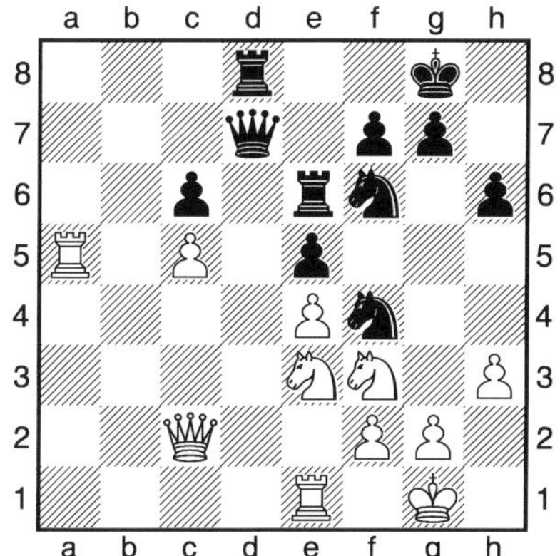

Kravtsiv, Martyn (2641)
Parligras, Mircea Emilian (2645) [C54]
Ungarn 2019

In dieser Stellung hat Schwarz zwar die offene d-Linie, aber wegen des Raumvorteils und des Keilbauern auf c5 steht Weiß besser. Die Linie ist schwer für Schwarz zu nutzen, da die Felder d1 und d2 kontrolliert werden, aber andrerseits hat Schwarz die Schwäche auf c6, die Weiß zum Beispiel durch Einsatz seiner Schwerfiguren über die a- und b-Linie belagern kann.

2.2.2 Aufgaben zum System mit 10...Te8

(1)

Hier spielte Ding Liren **1.Tad1.** War dies eine gute Idee?

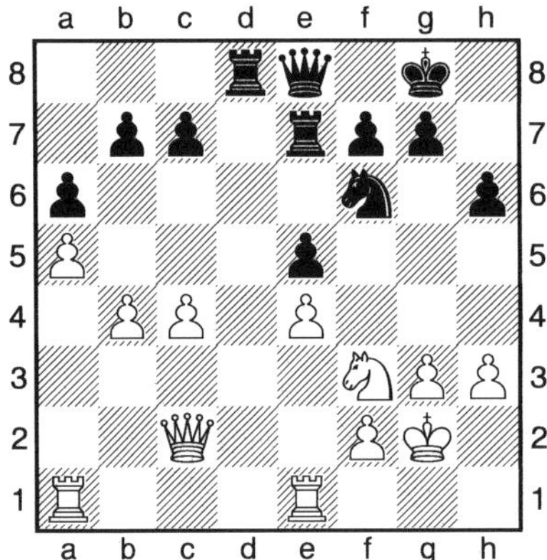

Ding, Liren (2791)

Carlsen, Magnus (2863) [C54]

chess24.com INT 2020

(2)

Schwarz hielt hier mit seinem letzten Zug **1...c6** die Spannung im Zentrum aufrecht. Wie sollte Weiß nun fortsetzen?

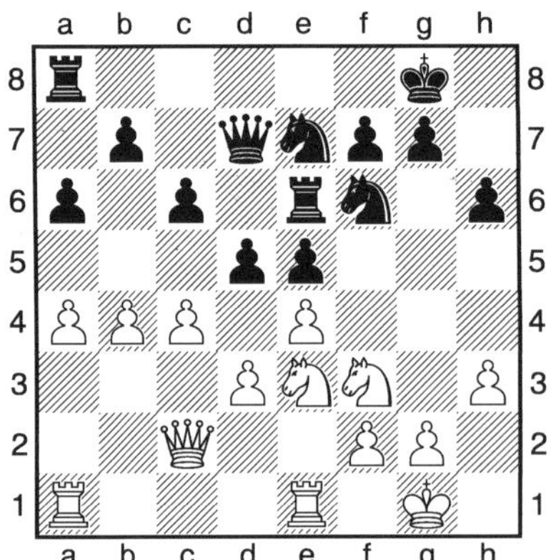

Lubas, Jozef (2265)

Egoshin, Gennady Yakovlevich (2384) [C54]

ICCF email 2018

2.2.3 Lösungen der Aufgaben zum Te8 System

(1) **1.Tad1** ist spielbar, lässt jedoch die Anhebelung des weißen Damenflügels mit **1...c5!** zu. In der Partie folgte **2.bxc5 Tc8 3.Sh4 Txc5** und Weiß verlor seinen festen Halt am Damenflügel.

– Besser war es, selbst **1.c5** zu spielen, wonach Schwarz keinen konkreten Hebel hat und der weiße Raumvorteil am Damenflügel bestehen bleibt. Das Problem bei diesem Ansatz ist aber die Aufgabe des Feldes b5.

– Der vielleicht unangenehmste Zug für Schwarz wäre daher **1.Tab1!**, da **1...c5** jetzt mit **2.b5!** beantwortet werden kann. Weiß behält seinen Vorteil am Damenflügel und kann und in der Folge an weiteren Fortschritten arbeiten.

(2) Hier sollte Weiß mit **1.c5!** fortsetzen. Danach hat Schwarz Probleme, den d-Bauern zu bewegen, da der Se3 (im Unterschied zu direktem d4 oder dxe4) Zutritt zu dem aktiven Feld c4 bekäme.

(Sollte Weiß, statt 1.c5 zu spielen, zum Beispiel mit 1.Tab1 abwarten, kann Schwarz wieder 1...d4 folgen lassen, da der Se3 nicht auf sein optimales Feld kann.)

In der Partie folgte **1...a5 2.Teb1 Dc7 3.b5 d5 4.Sc4** mit besserem Spiel für Weiß.

2.3 Die Umgruppierung der Springer und das Spiel im Zentrum

Wie schon am Anfang dieses Kapitels erwähnt, hat Schwarz zwei grundlegende Pläne – nämlich den Lc8 entweder abzutauschen (wie im vorherigen Kapitel geschehen) oder diesen zu behalten und seine Springer umzugruppieren. Da der schwarze Damenläufer im Angriff eine gefährliche Figur sein kann, kann Weiß im letztgenannten Fall nicht wie zuvor langsam am Damenflügel vorgehen. Stattdessen sollte er im Zentrum aktiv werden, um das gegnerische Spiel bereits auszubremsen, bevor es überhaupt begonnen hat.

Um diesen Unterschied (mit oder ohne weißfeldrige Läufer) klarzumachen, sollte man sich an dem klassischen weißen Plan im System mit frühem Le6 orientieren. Um schwarzes Gegenspiel zu verhindern, wird Weiß seinen Königsflügel oft mit dem Manöver g3, Kg2 und Springern auf beispielsweise f3 und h2 absichern. Dies ist jedoch mit dem schwarzen Damenläufer auf dem Brett viel schwerer zu bewerkstelligen, da der Bauer auf h3 deutlich gefährdeter wäre.

Auch in diesen Systemen kann es allerdings zum späteren Abtausch der weißfeldrigen Läufer kommen. Dies wird in der folgenden Beispielpartie veranschaulicht und dort gelten dann selbstredend auch die Motive aus dem vorherigen Kapitel.

(5) Svane, Rasmus (2625)

Mirzoev, Azer (2438) [C54]

Speed Chess, Chess.com 2021

1.e4 e5 2.Sf3 Sc6 3.Lc4 Lc5 4.c3 Sf6 5.d3 a6 6.0–0 La7 7.Te1 d6 8.Sbd2

8.a4 0–0 9.h3 h6 10.Sbd2 Se7 11.Sf1 Sg6 12.Sg3 c6 13.Lb3 Te8 14.d4

Dies ist die typische Zugfolge, wie die Partiestellung nach 14.a4 erreicht wird, wenn Weiß die Zugumstellungsregeln beachtet, welche in dieser Arbeit dargelegt wurden.

8...0–0

8...Sa5!? sollte Weiß verhindern, jedoch ging die Partie wieder über in bekannte Gebiete.

9.Sf1 Se7 10.Sg3 Sg6 11.Lb3 h6 12.h3 c6 13.d4 Te8 14.a4

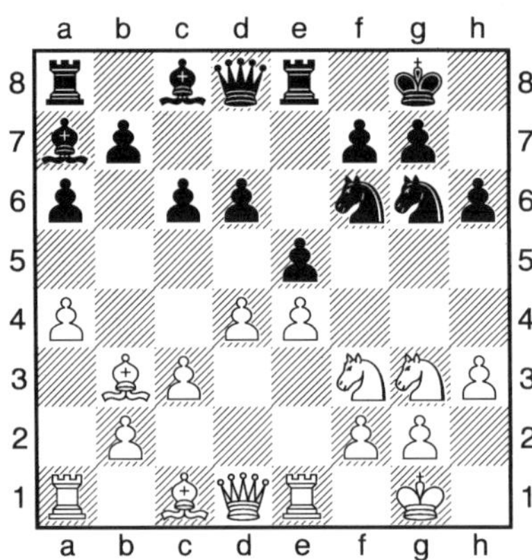

Dies ist eine der wichtigsten Ausgangsstellungen des 10...Se7-Systems (das normalerweise über die oben genannte Zugumstellung erreicht wird). Weiß dominiert im Zentrum und wird Schwarz daran hindern, ohne Zugeständnisse zu Angriff zu kommen.

14...Le6

Da Weiß eventuelles Gegenspiel am Königsflügel aktuell gut kontrolliert, bleiben Schwarz außer diesem Tauschangebot wenig sinnvolle Züge.

Auch nach der Alternative 14...Dc7 15.Le3 exd4 16.Lxd4 Lxd4 17.cxd4 wäre die weiße Armee sehr gut mobilisiert. Und da ein schwarzer Angriff somit verhindert ist, fällt der Vorteil, dass der Lc8 noch auf dem Brett ist, nicht ins Gewicht. Weiß hat ähnliches Spiel wie in der Partie und wird seine Figurenstellung langsam verbessern können.

15.a5

Mit diesem allgemein nützlichen Zug wird unter anderem auch die Möglichkeit b7-b5 aus dem Spiel genommen.

– Auch 15.Lxe6?! Txe6 wäre möglich, aber der Abtausch auf b3 bringt die Dame ins Spiel und hilft entsprechend der weißen Sache.

– Und 15.Lc2 zur Unterstützung des Zentrums wäre ein prinzipiell anderer Ansatz.

15...Lxb3 16.Dxb3 Dc7 17.Le3

Weiß ist vollständig entwickelt und hat dank Raumvorteil das angenehmere Spiel.

17...exd4 18.Lxd4

Damit gibt Svane zwar temporär das Vollzentrum auf, aber sein Raumvorteil bleibt bestehen.

18...Lxd4

Nach der Beispielvariante 18...Te6 19.c4! Lxd4 20.Sxd4 Te5 21.Dc3 Tae8 22.Sdf5 zeigt sich, dass Weiß auch ohne Vollzentrum angesichts der Kontrolle von d5 und des Raumvorteils das leicht angenehmere Spiel hat. Folgen könnte die Besetzung der d-Linie mit Spiel gegen den schwachen Bauern d6.

19.cxd4 Tad8 20.Dc3!

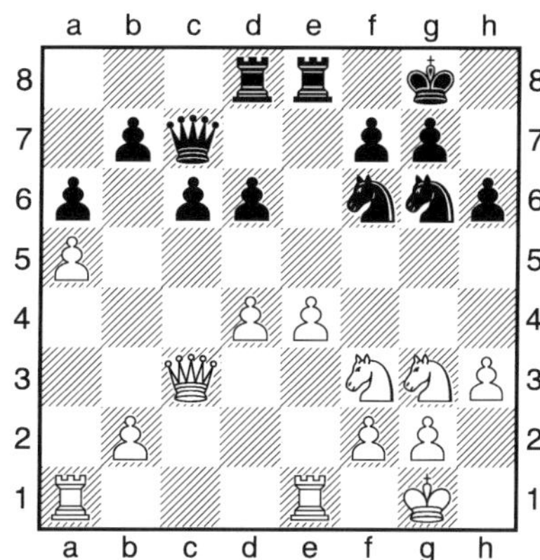

Ein nützlicher Zug, um zum Beispiel die Verdopplung Te3 nebst Tae1 oder wie in der Partie Tac1 vorzubereiten.

20...Sf8?

Schwarz verliert den Faden und stellt seine Figuren ungünstig auf.

Eine etwas bessere Fortsetzung wäre 20...Te7 21.Te3 Tde8 22.Tae1, aber auch hier spricht der Raumvorteil für Weiß. Er wird seine Stellung langsam und mit sinnvollen Abwartezügen verbessern können, während Schwarz keine aktiven Züge zur Verfügung hat; z.B. 22...Sf4 23.Kh2 S4h5 24.Sxh5 Sxh5 25.g3 Sf6 26.Sd2 usw.

21.Tac1 Dd7 22.b4 De6 23.Te3

Das Manöver Dd7–e6 hat die Dame nur ins Visier der Türme gestellt. Dem Schwarzen fehlt ganz klar ein Plan, während Weiß deutlich freier agieren kann.

23...S6h7? 24.Tce1

Hier wäre der richtige Zeitpunkt für den Durchbruch 24.d5! mit der möglichen Folge ...

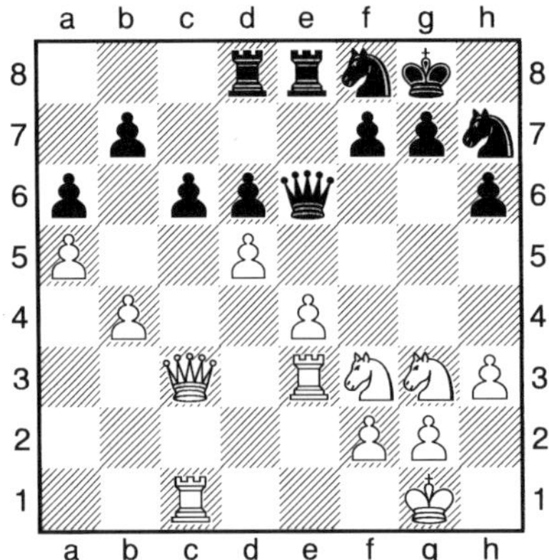

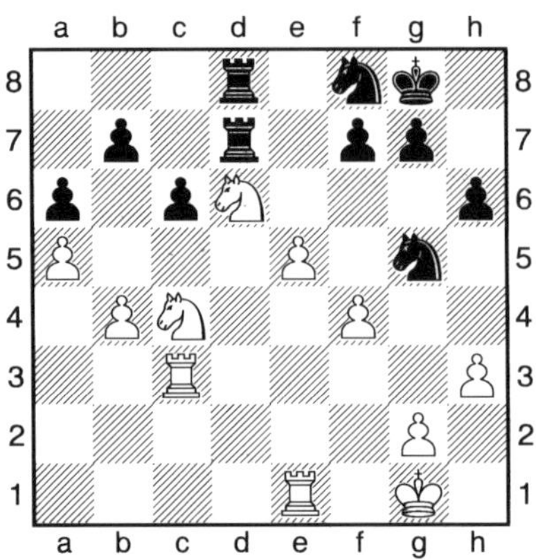

... 24...cxd5 25.Sh5 Dg6 26.Sf4 Df6 27.Sxd5 gewesen.

Allerdings ist auch die in der Partie folgende langsame Verbesserung der Stellung sehr gut für Weiß.

24...Sg5 25.Sd2 Df6 26.e5?

Hier wählte Svane den falschen Dosenöffner. Besser wäre es nämlich gewesen, mit beispielsweise 26.Sc4 Sg6 27.Sh5 De7 28.d5 Df8 29.Sb6+– den alternativen Vorstoß d4-d5 anzustreben, um Schwarz nicht das Angriffsziel auf e5 zu geben und mit dem Bauern d6 selbst eine Schwäche angreifen zu können.

Allerdings steht Weiß auch nach der Partiefortsetzung besser, da er nach wie vor über Raumvorteil und die besser koordinierten Figuren verfügt.

26...dxe5 27.dxe5 Df4 28.Sc4 Dd4 29.Sf5 Dxc3 30.Txc3 Td7

Auch dieses Endspiel sollte hoffnungslos für Schwarz sein, da Weiß einfach zu aktiv steht.

31.Sfd6 Ted8 32.f4+–

32...Sge6 33.Sb6

33.f5 Sd4 34.Kf2 h5 35.g4 war noch überzeugender als der Qualitätsgewinn, aber letztlich ist das nur ein unbedeutender Schönheitsfehler.

33...Sxf4 34.Sxd7 Txd7 35.Tf3 Sd5 36.Tef1 f6 37.Se4 Sh7 38.exf6 Shxf6 39.Sxf6+ Sxf6

Das Endspiel sollte Weiß in der Praxis immer gewinnen, auch wenn jetzt durch die Blitz-Zeitkontrolle die Genauigkeit ein wenig schwindet.

40.Tf4 Kh7 41.Te1 Kg6 42.Te2 Kf7 43.Kh2 Td1 44.Tff2 Tb1 45.Te4 Tb3 46.Td4 Kg6 47.Tff4 Sd5 48.Tg4+ Kf6 49.Tge4 h5 50.Kg1 g5 51.Kh2 h4 52.Kg1 Tb2 53.Tc4 Tb3 54.Kf2 Tb2+ 55.Te2 Tb3 56.Tce4 Sxb4 57.Te6+ Kf7 58.Te7+ Kf6 59.Kg1 Sd5 60.T2e6+ 1–0

Fazit: Svane hat es Schwarz durch den Raumvorteil und das gute Zentrum sehr schwer gemacht, aktiv zu werden. Er hat eine gewonnene Stellung erspielt, indem er den richtigen Zeitpunkt zum Öffnen der Stellung und schwarze Fehler abgewartet hat. Diese Fehler resultierten aus dem Raumnachteil und aus der unangenehmen Stellung, die es schwer machte, einen guten Plan zu finden.

Das erste Beispiel zeigt, wie Weiß gegen einen passiven Aufbau des zweiten Spielers vorgeht. In der folgenden Partie hat Schwarz einen aktiveren Plan, aber auch dort weiß der Anziehende sich zu behaupten und zeigt eine instruktive Fortsetzung, um das schwarze Spiel komplett zu stoppen.

(6) Demchenko, Anton (2671)
Savanovic, Aleksandar (2448) [C54]
Portugal 2018

1.e4 e5 2.Sf3 Sc6 3.Lc4 Lc5 4.d3 Sf6 5.c3 d6 6.0–0 a6 7.a4 La7 8.Te1 0–0 9.h3 h6 10.Sbd2 Se7 11.Sf1 Sg6 12.Sg3 Sh7

Mit diesem interessanten Zug beharrt Schwarz auf Spiel am Königsflügel, jedoch zeigt Demchenko instruktiv, wie er dieses Gegenspiel ausbremst und selbst zu Angriff kommt.

12...c6 13.Lb3 Te8 14.d4 wäre ein Übergang in die Stellung aus der Partie Svane - Mirzoev, aber Savanovic wählt einen anderen Aufbau.

13.d4

Logisch: Da Schwarz es vernachlässigt, mit seinen Springern im Zentrum zu spielen, wird Weiß genau dort aktiv.

13...Df6 14.Le3 Sg5

Schwarz hat all seine Figuren aktiviert, aber die weiße Stellung ist sehr solide.

15.Sh2!

Wie du mir, so ich dir: Weiß will mit Sg4 die Koordination der angreifenden Figuren stören.

Nach der möglichen Alternative 15.Sxg5 hxg5 16.Dd2 Sf4 hätte Schwarz mit dem auf f4 zementierten Springer sehr gutes Gegenspiel am Königsflügel und es wäre nicht leicht für Weiß, seine Stellung zu konsolidieren.

15...Sf4

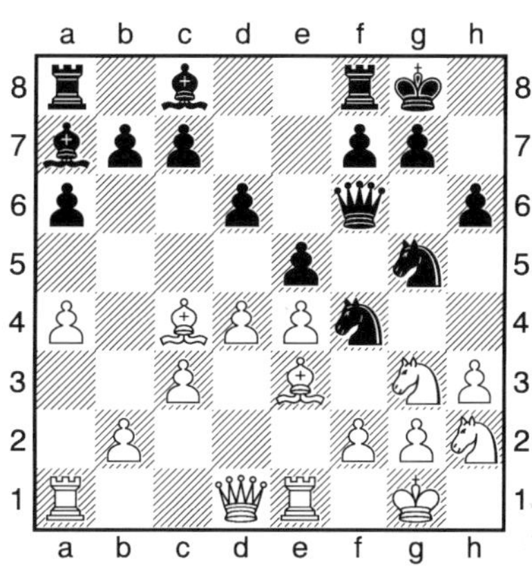

Ein Opferspiel wie 15...Sxh3+ 16.gxh3 Lxh3 17.Df3 ist hier natürlich noch nicht möglich, da Weiß zu gut aufgestellt ist und sich leicht verteidigen kann.

16.Sg4

In der Variante 16.h4 Sh7 17.Sf5 Lxf5 18.exf5 Dxf5 19.Df3 gäbe es ein ähnliches Bauernopfer wie in der Partie. Weiß wird den Bauern auf e5 oder f4 zurückgewinnen und mit dem Läuferpaar und den aktiven Figuren besser stehen.

16...Dg6

Auch nach 16...Lxg4 17.Dxg4 Sge6 18.Sf5 hätte Savanovic Probleme: Weiß beherrscht das Zentrum, hat das Läuferpaar und mindestens genauso starken Angriff am Königsfügel wie Schwarz.

17.Lxf4! exf4 18.Sf5

Demchenkos Idee beruht darauf, dass Schwarz nach diesem Bauernopfer all sein Angriffspotenzial verliert. Der La7 ist komplett außer Spiel, Weiß kann auf der Diagonale b1–h7 angreifen und der Sg4 ist eine starke Figur.

18...Lxf5

18...Kh8 wäre noch das kleinere Übel gewesen; z.B. 19.Se7 Dh5 20.Sd5 Se6 21.e5 c6 22.Se7 d5 23.Le2 Dg5 24.Sxc8 Taxc8.

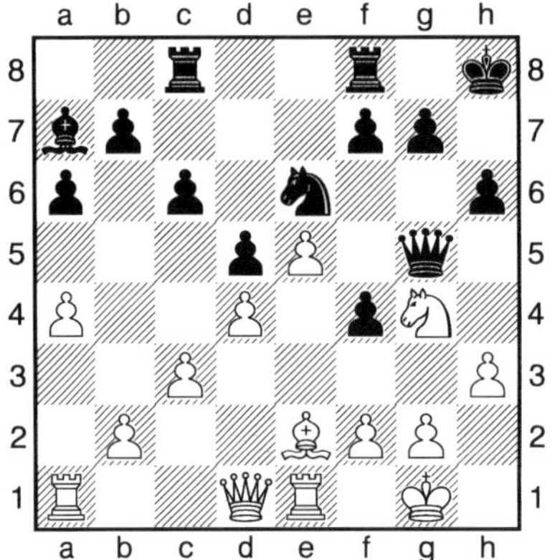

Allerdings sprechen die Faktoren „Vollzentrum, schwacher Bauer f4 und toter Läufer a7“ dafür, dass Weiß auch hier klar besser steht.

19.exf5 Dxf5

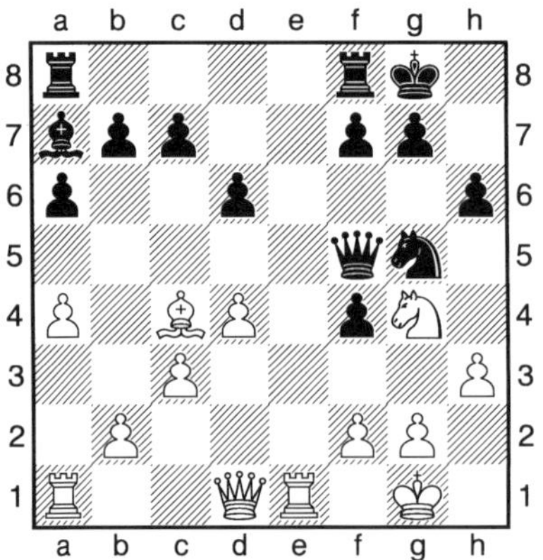

20.h4 Se6 21.Ld3

Der Minusbauer fällt hier nicht ins Gewicht und Weiß steht angesichts seinen starken Angriffs schon auf Gewinn.

21...Dd5 22.Le4 Dc4

Die schwarze Dame wird gejagt, während Weiß seinen Angriff vorbereitet.

23.Tc1

23.Lb1!! hätte schon forciert gewonnen, da La2 nicht zu verhindern ist; z.B. 23...Tae8 24.La2 Dc6 25.d5.

23...d5 24.Lb1

24.Se5 Da2 25.Lc2 Dxb2 26.Dd3 mit klarer Gewinnstellung wäre eine noch bessere Version der Partiefortsetzung gewesen.

24...Dc6 25.Se5 Dd6 26.Dd3 f5 27.Dh3 Tf6 28.Lxf5

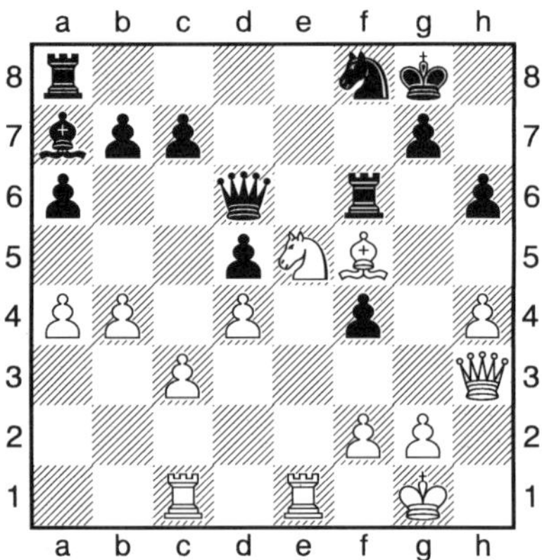

Nun hat Weiß nicht einmal Material weniger, was abermals seine Dominanz zeigt. Er gewinnt die Partie nicht nur am Königsflügel (was genauso gut ginge), sondern hat sogar noch die Zeit, auch am Damenflügel zu spielen.

29...a5 30.b5 c5 31.bxc6 bxc6 32.Lb1 c5 33.c4 cxd4 34.cxd5 Te8 35.Sc6 Txe1+ 36.Txe1 Lc5 37.Df3 Dd7 38.Ld3 Kh8 39.h5 Sh7 40.Se5 Dd6 41.Sg6+ Kg8 42.Te8+ Sf8 43.De4 f3 44.Sxf8 Txf8 45.Te6 Df4 46.Dh7+ Kf7 47.Lg6#

Fazit: Da Schwarz (im Unterschied zur ersten Partie) auf den Abtausch der weißfeldrigen Läufer verzichtet und sich nicht damit abgefunden hat, eine passive Stellung zu verteidigen, wurde Weiß gefordert, den Angriff abzuwehren. Und zu diesem Zweck fand Demchenko eine schöne Möglichkeit, nach der er seinen Raumvorteil und seine besser koordinierten Figuren einsetzen konnte.

In der nächsten Partie wird das System mit 10...Sh5 behandelt und der Weißspieler zeigt mit einem ähnlichen Bauernopfer wie im letzten Beispiel, wie das Gegenspiel aus der Stellung genommen werden und wie Weiß seine besseren Figuren in Szene setzen kann.

(7) Wen, Yang (2586)

Xu, Minghui (2406) [C54]

China 2019

1.e4 e5 2.Sf3 Sc6 3.Lc4 Lc5 4.c3 Sf6 5.d3 d6 6.0–0 a6 7.a4 h6 8.Sbd2 0–0 9.h3 La7 10.Te1 Sh5!?

Dieses System zeigt eine andere Methode, mit der Schwarz seine Figuren umgruppieren kann. Die Idee ähnelt der aus der Partie Demchenko – Savanovic: Die Suche nach schnellem Spiel am Königsflügel. Hier verliert Schwarz jedoch keine Zeit mit dem Manöver Se7-g6, und da er somit die Kontrolle über d4 bewahrt, kann Weiß noch nicht mit dem Vorstoß d3-d4 direkt im Zentrum dagegenhalten.

11.Sf1

Wie immer befreit dieser logische Zug den Lc1 und bereitet d3-d4 vor.

11...Df6

So verhindert Schwarz weiterhin d3-d4 und bereitet gleichzeitig Sf4 vor.

12.Se3

Auch nach der anderen Möglichkeit 12.Le3 Sf4 13.d4 sind die weißen Figuren sehr gut koordiniert. Dank seines starken Zentrums hat Weiß auch hier eine angenehme Stellung, allerdings ist das Gegenspiel nicht so sicher zu verhindern wie nach der Partiefolge.

12...Sf4

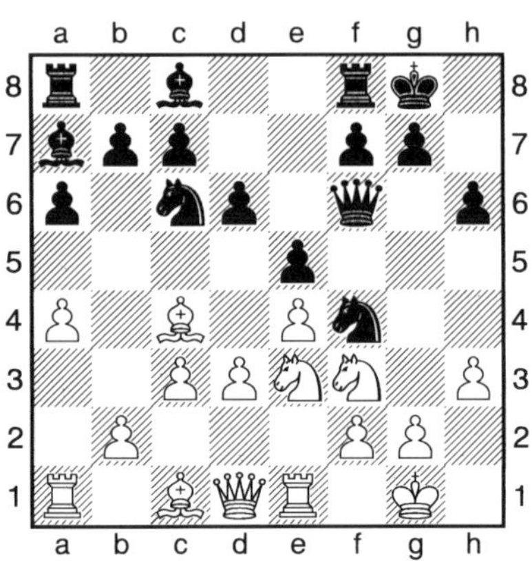

13.Sg4

Dieses positionelle Bauernopfer führt zum Abtausch aller aktiven schwarzen Figuren und bietet ähnlich gute Kompensation wie in der Partie Demchenko - Savanovic.

13...Dg6

In der Partie Bacrot - Al Quadaimi (2018) geschah stattdessen 13...Lxg4 14.hxg4 Tad8, aber nach 15.g3 Se6 16.Kg2 war der schwarze Angriff auch hier verhindert. Außer dem potenziellen Vorstoß g4-g5 kann Weiß auch das fehlende schwarze Gegenspiel dazu nutzen, am Damenflügel Fortschritte zu machen, etwa mit Plänen, wie sie aus den Le6-Systemen bekannt sind.

14.Lxf4 exf4 15.d4!

Jetzt zeigt sich die Idee des Bauernopfers. Der La7 ist außer Spiel und das weiße Zentrum ist schwer anzugreifen. Weiß wird am Damenflügel spielen und Schwarz wird es schwer haben, den Mehrbauern einzusetzen.

15...Lxg4 16.hxg4 Dxg4

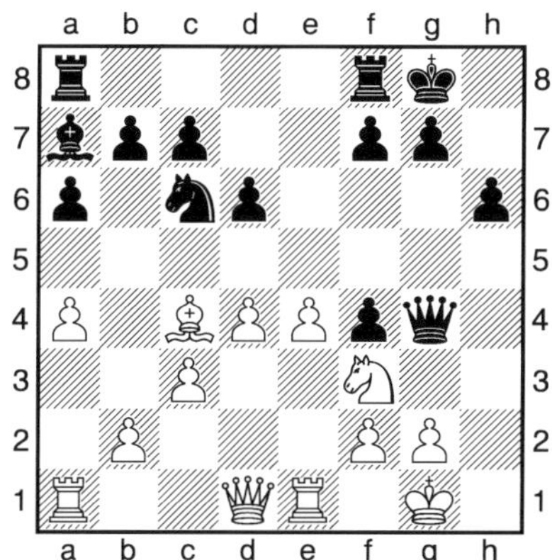

17.a5

17.b4 wäre genauso möglich, um sich noch nicht auf a7-a5 festzulegen. Der Versuch, dies mit 17...a5 auszunutzen, traf in der Partie Odeev - Mosrati (2017) auf den Gegenangriff 18.e5! axb4 19.e6 mit enormer Aktivität für den Bauern und deutlich besserer Stellung für Weiß.

17...Tab8

Schwarz muss diesen unschön aussehenden Zug einschieben, da das direkte 17...Se7? an 18.Db3 Tab8 19.e5! scheitert. Das aktive Spiel von Weiß ist durchschlagend und er wird seinen Bauern mit Zinsen zurückgewinnen.

18.b4 Se7 19.Dd3?!

Genauer wäre 19.b5! axb5 20.Lxb5 gewesen, bevor Schwarz diesen Vorstoß mit c7-c6 verhindert.

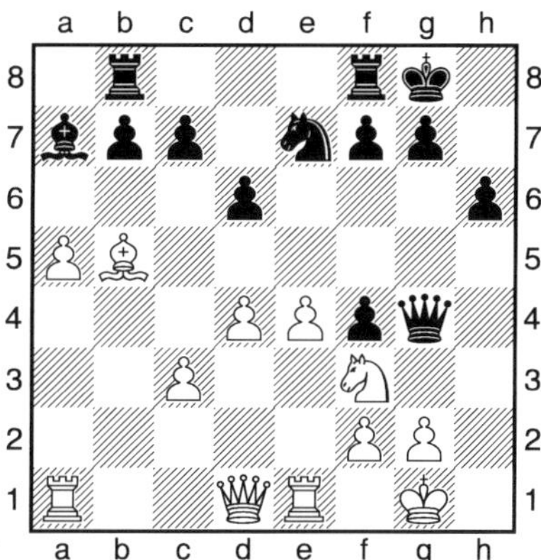

Danach wäre der schwarze Damenflügel sehr verletzlich gewesen.

19...c6 20.Te2

Da b4-b5 nun verhindert ist, setzt Weiß stattdessen auf den Vorstoß e4-e5.

Einen ähnlichem Plan hätte er mit 20.Lb3!? verfolgen können, wobei die sofortige Umsetzung des Läufers zu einer noch flexibleren Stellung geführt hätte.

20...Tbe8 21.Tae1 Lb8 22.e5 d5 23.Lb3

Dies ist eine typische Stellung für den von Weiß angewandten Plan. Der Lb8 wird weiterhin dominiert und angesichts der ungleichfarbigen Läufer hat Weiß die besseren Chancen, auch wenn Schwarz sich bei genauem Spiel wohl noch verteidigen könnte.

23...g6 24.Lc2 Sf5 25.Sh2

25.c4 wäre eine interessante Möglichkeit gewesen, um die Stellung für den überlegenen Läufer zu öffnen.

25...Dg5?

25...Dh5 wäre richtig gewesen, um die weiße Idee zu verhindern.

26.Dh3!

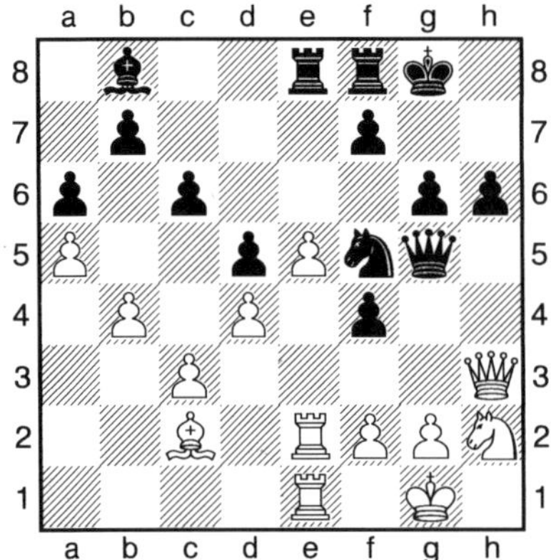

Nun wird die schwarze Blockade aufgebrochen, und da der Lb8 nicht an der Verteidigung teilhaben kann, bekommt Weiß einen vielversprechenden Angriff.

26...Sg7

26...h5 27.Sf3 Dg4 28.Lxf5 Dxf5 29.Dxf5 gxf5 wäre noch ein letzter Versuch gewesen, aber auch hier hat Weiß angesichts der Überlegenheit des Sf3 gegenüber dem Lb8 sowie der besseren Struktur deutlichen Vorteil.

27.Sf3 Dh5 28.Dd7

Der schwarze Damenflügel fliegt auseinander.

28...Se6 29.Dxb7 g5

Im 29. Zug kann Schwarz erstmals auf Angriff am Königsflügel hoffen, aber es ist schon zu spät.

30.Dxa6 g4 31.Dd3!

Ein netter Zwischenzug.

31...Sg5 32.Sxg5 hxg5 33.Df5 Te6 34.f3

So erzwingt Weiß Damentausch und wird sich dann am Damenflügel durchsetzen.

34...g3 35.Dh3 Dxh3 36.gxh3

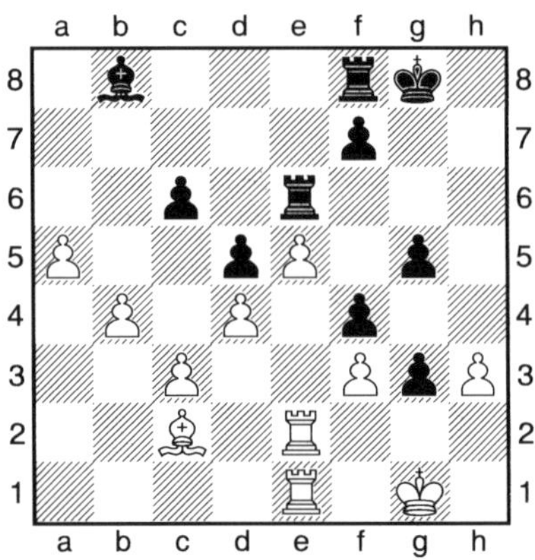

36...Te7 37.Lf5 Lc7 38.Kg2 Kg7 39.Ta2 Lb8 40.Tb1 La7 41.Taa1 Tb8 42.Te1 Tc7 43.Tab1 Te7

Weiß demonstriert seine Dominanz: Er kann problemlos auf den richtigen Moment für den richtigen Vorstoß warten.

44.h4 gxh4 45.Th1 Kh6 46.Txh4+ Kg5 47.Tbh1

Ein schönes Finale!

47...Kxf5 48.Th6 f6 49.Txf6+ Kg5 50.Tfh6 1–0

Fazit: Weiß hat durch sein positionelles Bauernopfer das komplette Gegenspiel aus der Stellung genommen und dann den deutlich besseren Läufer und den Raumvorteil dazu genutzt, langsam aber sicher Fortschritte zu machen. Nachdem er aber die erste Chance zur Erlangung einer besseren Stellung mit 19.b5 verpasste, hätte Schwarz bei genauem Spiel das Gleichgewicht wahren können.

2.3.1 Zusammenfassung der Pläne

Auch in den Systemen Se7 bzw. Sh5 gibt es wiederkehrende Motive, die hilfreich zum Verständnis der weißen Pläne sind. Wie sich in den Partien zeigte, besteht der erste weiße Plan meistens darin, nach Besetzung des Zentrums zunächst jegliches Gegenspiel am Königsflügel zu vereiteln und erst danach den Raumvorteil am Damenflügel oder im Zentrum auszuspielen.

In vielen Fällen überschneiden sich auch hier Ideen, die bereits in dem Kapitel zum Abtausch der Damenläufer behandelt wurden, und zwar vor allem dann, wenn dieser Abtausch später doch noch erfolgt. Aber da Weiß zuerst im Zentrum statt am Damenflügel aktiv wurde, ergeben sich viele neue Motive und Ideen, die in der Folge zusammengefasst werden.

Der Vorstoß d3-d4

Da Schwarz durch die Umsetzung des Sc6 oder Sf6 seinen Einfluss auf die Zentrumsfelder reduziert, sollte Weiß dies auszunutzen versuchen, indem er im Zentrum aktiv wird. Dabei besteht ein Vorteil der Struktur mit Bauern auf c3 und d4 darin, dass der La7 dominiert und im Idealfall komplett ausgeschaltet wird, wie es in der Beispielpartie Wen – Xu zu sehen war.

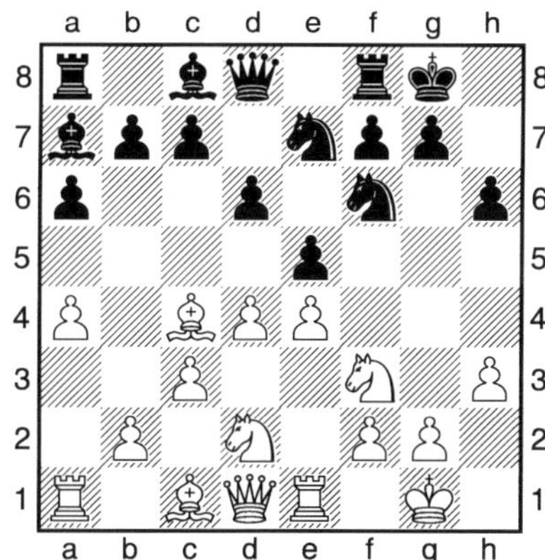

Melkumyan, Hrant (2633)

Fodor, Tamas Jr (2494) [C54]

London Classic 2016

Bauernopfer am Königsflügel

Wie in den Partien Demchenko – Savanovic und Wen – Xu gezeigt wurde, kann Weiß das Gegenspiel am Königsflügel durch ein Bauernopfer im Keim ersticken, da der Lc8 abgetauscht und die Koordination der schwarze Figuren in Unordnung gebracht wird. Danach bekommt Weiß freie Hand im Zentrum und am Damenflügel, während Schwarz Mühe hat, einen aktiven Plan zu entwickeln. Auch hier besteht ein wichtiger Teil des weißen Plans darin, den La7 zu dominieren.

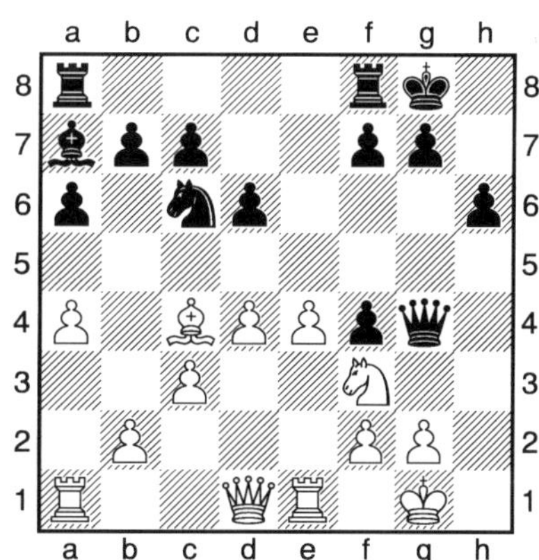

Giri, Anish (2785)

So, Wesley (2770) [C50]

Bilbao Masters 2016

2.3.2 Aufgaben zur Umgruppierung der schwarzen Springer

(1) Hier spielte Weiß **1.Sf5** und es folgte **1...Lxf5 2.exf5 Sf8**. Wie setzte Weiß dann fort?

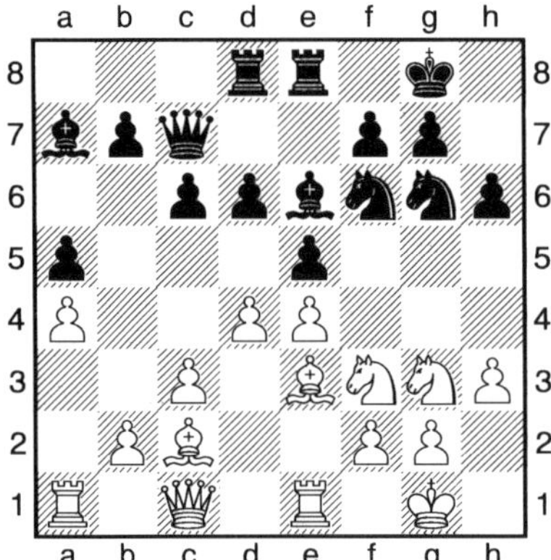

Stukopin, Andrey (2598)

Gonzalez Vidal, Yuri (2559) [C54]

Washington op 2018

(2) Hier hatte Schwarz zuletzt c7-c6 gespielt, um d6-d5 vorzubereiten. Wie sollte Weiß auf diesen Plan reagieren?

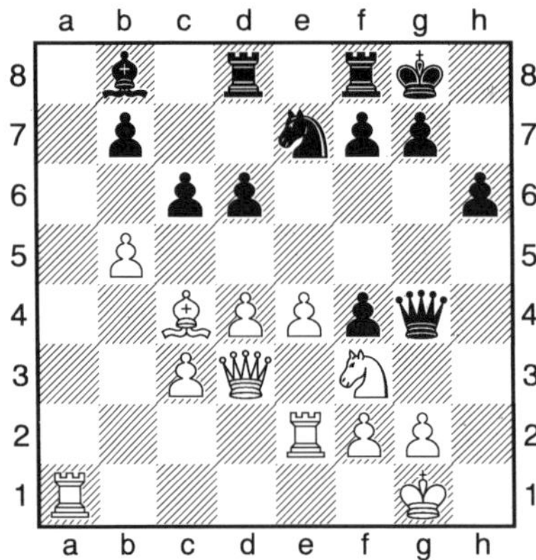

Giri, Anish (2785)

So, Wesley (2770) [C50]

Bilbao Masters 2016

2.3.3 Lösungen der Aufgaben zur Umgruppierung der schwarzen Springer

(1) Auf **1...Sf8** folgte stark **2.Lxh6! gxh6**.

(Besser war 2...S8h7, obwohl Weiß nach dem Rückzug des Läufers einfach einen Mehrbauern gehabt hätte.)

3.Dxh6 De7

(Nach 3...S8h7 würde die sofortige Turmaktivierung 4.Te3 an 4...exd4 scheitern. Aber nach dem besseren 4.Sg5! würde das Manöver Te3-g3 wieder die Entscheidung bringen.)

Nach der Verstärkung **4.Te3!** hatte Weiß einen durchschlagenden Angriff und somit entscheidenden Vorteil.

(2) In der Stellung nach c7-c6 spielte Giri schwach **1.Tb1?** wonach **1...d5 2.La2 dxe4 3.Txe4 Ld6** zur Reaktivierung des schwachen schwarzen Läufers führte.

Besser wäre daher **1.Lb3!** oder **1.bxc6 bxc6 2.Lb3!** gewesen, um **2...d5** mit **3.e5!** zu beantworten und die Abschneidung des Läufer somit weiter aufrechtzuerhalten.

3. Der schwarze Bauer auf a5

In Kapitel 2 war bereits zu sehen, wie Weiß sein Spiel am Damenflügel gestalten kann, wenn Schwarz ihm freie Hand gibt. Deshalb haben Schwarzspieler sich darauf verlegt, am Damenflügel dagegenzuhalten, indem sie nicht a7-a6, sondern a7-a5 spielen. Die so veränderte Bauernstellung führt zu einer drastischen Änderung der gesamten Stellungsbewertung.

Zum Vergleich ein Blick auf die Le6-Systeme. Dort kann Weiß (mit dem Bauern auf a6) die weißfeldrigen Läufer auf e6 abtauschen und am Damenflügel spielen, da der Gegenangriff am Königsflügel leicht zu parieren ist. Mit dem Bauern auf a5 ist es für Weiß deutlich schwerer, mit b2-b4 Raum zu gewinnen, während der schwarze Angriff auf dem Königsflügel deutlich stärker ausfällt. Der kleine Unterschied (schwarzer Bauer auf a5 statt a6) führt also zu gänzlich anderen Motiven und Plänen. Weiß muss also woanders als am Damenflügel spielen und genau dieser Sachverhalt wird in diesem Kapitel behandelt.

In der ersten Beispielpartie zeigt Anish Giri, einer der größten Italienisch-Experten, wie sich die weißen Pläne angesichts des Bauern auf a5 wandeln. Er gewinnt eine schöne Angriffspartie, in der schon zwei zu langsame Züge von Schwarz dazu führen, dass er direkt auf Verlust steht.

(8) Giri, Anish (2780)

Anton Guijarro, David (2674) [C54]

EU-ch Batumi 2019[3)]

1.e4 e5 2.Sf3 Sc6 3.Lc4 Lc5 4.0–0 Sf6 5.d3 d6 6.c3 a5

Dies ist eine der Stellungen, in denen Schwarz a5 spielen kann.

7.Te1

Die andere Möglichkeit 7.a4 kam in vielen Toppartien aufs Brett. Da jedoch nach a5 die Eliminierung des Lc4 mit Sa5 nicht mehr droht und da Weiß ohnehin im Zentrum und nicht am Damenflügel spielen will, kann er auch auf den Vorstoß a2-a4 verzichten.

7...0–0 8.h3

Dies ist auch hier immer ein sinnvoller Zug, um Ideen wie Sg4 gefolgt von Kh8 und f5 aus der Stellung zu nehmen.

8...h6 9.Sbd2 Le6 10.Lb5

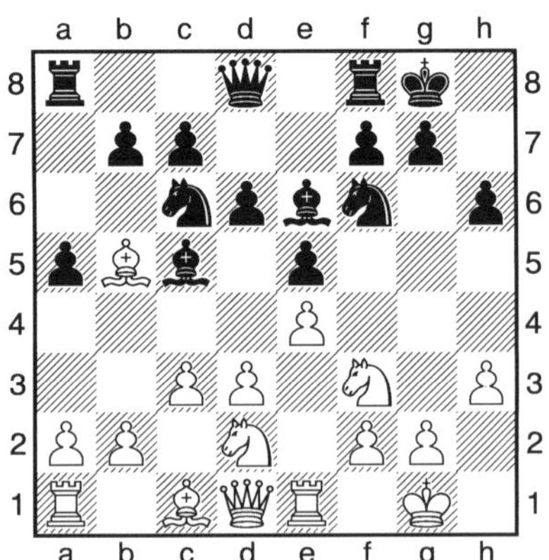

---

https://www.youtube.com/watch?v=gkqxhUnA2hl (25:00-46:00)

Dies ist eine der zusätzlichen Möglichkeiten, die Weiß angesichts der Bauernstellung auf a5 erhält: Er kann das Feld b5 ausnutzen und somit die positionelle Drohung Lxc6 nebst d4 aufstellen. Da außerdem der Le6 auf dem Brett bleibt, kann es in der Folge zu der Drohung d3-d4-d5 kommen.

Statt des Textzuges wäre 10.Lxe6?! fxe6 (im Vergleich zum System mit frühem Le6) eine klare Verbesserung für Schwarz, da Weiß hier über keinen Raumvorteil am Damenflügel verfügt. Allerdings wurde auch diese Spielweise ungeachtet der genannten Nachteile von starken Spielern wie Firouzja schon mit Erfolg eingesetzt.

10...Db8!?

In dieser Hauptvariante des Systems besteht der schwarze Plan darin, durch die Bildung einer Batterie auf der Diagonale a7–g1 mit Da7 den Vorstoß d3-d4 zu verhindern.

11.Lxc6

Damit wählt Weiß eine zusätzliche Option: Für die Aufgabe des Läuferpaars erhält er die Dominanz im Zentrum und fügt dem Gegner einen Doppelbauern zu. Dieses Herangehen schafft ein größeres positionelles Ungleichgewicht als es in der Hauptvariante der Fall ist.

Diese geht mit 11.Sf1 Da7 12.Le3 Lxe3 13.Sxe3 Se7 14.a4 weiter, wonach das Spiel jedoch in der Regel verflacht. Zwar hat Weiß einen minimalen Vorteil, aber Schwarz sollte keine zu großen Probleme bekommen.

11...bxc6 12.d4 exd4 13.cxd4 Lb6 14.a4!?

Damit verfolgt Weiß eine interessante Idee – nämlich Ta3 gefolgt von dem langen Turmschwenk Ta3-g3 zwecks Königsangriff. Das Spiel am Königsflügel macht Sinn, da Weiß dort mehr Angreifer zur Verfügung hat als der Gegner Verteidiger, schließlich befinden sich mit dem Tb8, dem Lb6 und der Da8 drei Figuren am Damenflügel.

14...Te8 15.Ta3

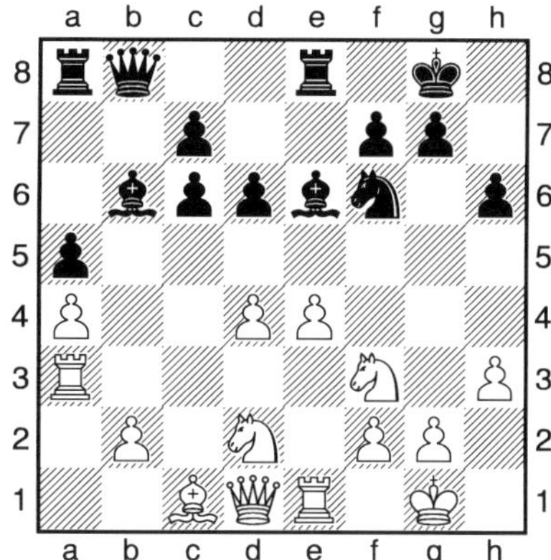

15...Db7?

Der Sinn dieses Zuges leuchtet nicht ein. Die Vorbereitung von c5 kommt wohl kaum in Frage, da der Lb6 nach d4-d5 tot wäre.

15...Da7 16.Sf1 d5 mit Druck auf den Bauern d4 wäre besser gewesen, denn auf a7 erfüllt die Dame sowieso eine deutlich wichtigere Aufgabe als auf b7.

16.Tae3!

Der Turm legt einen schlauen Zwischenstopp ein. Weiß bereitet b3 gefolgt von Lb2 zur besseren Deckung des Zentrums vor.

16...Tab8?!

Sogar hier wäre 16...Da7 ungeachtet des Tempoverlusts besser gewesen, auch wenn diese Version für Weiß vorteilhafter als die vorige wäre.

17.b3

Weiß setzt seinen Plan fort, mit Lb2 das Zentrum weiter zu stützen und dann den Sf3 für andere Aufgaben zu nutzen.

17...La7 18.Lb2!?

18.La3 d5 19.e5 Se4 20.Dc1 ist die Fortsetzung des Computers, um die schwarze Absicht Db4 zu vereiteln. Allerdings wäre es danach schwerer, einen klaren Plan zu finden, um den Königsangriff fortzusetzen.

18...d5 19.e5 Sd7 20.Sh4

Dies ist objektiv ein Fehler, aber da Schwarz diesen nicht ausnutzt, kommt der weiße Angriff ins Rollen.

20...c5?

Das ist zu langsam, um den Damenflügel für die Verteidigung zu mobilisieren.

Schwarz hätte 20...Db4! spielen sollen, um anschließend mit De7 die weißen Figuren zu stören und die deplatzierte Dame wieder ins Spiel zu bringen. Mit seinem Läuferpaar sollte Schwarz gutes Gegenspiel im Zentrum bekommen.

21.Lc3 De7

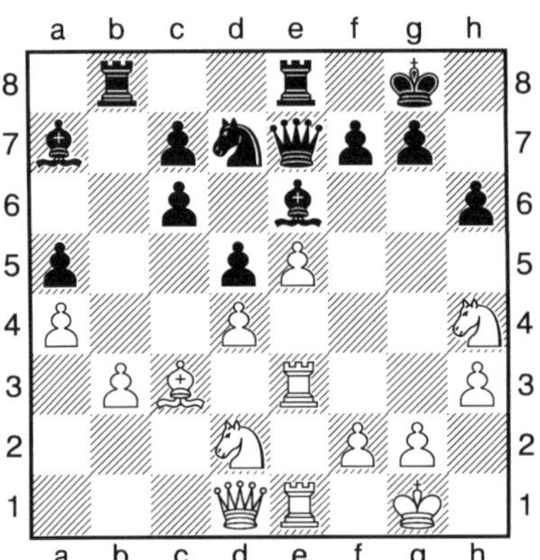

Hier ist die Dame deutlich besser zur Verteidigung des Königsangriffs platziert als auf b7.

21.Tg3 Da6 22.Dh5

Weiß steht auf Gewinn und muss nur noch den richtigen Durchbruch finden.

22...Kh8 23.Lc1!+–

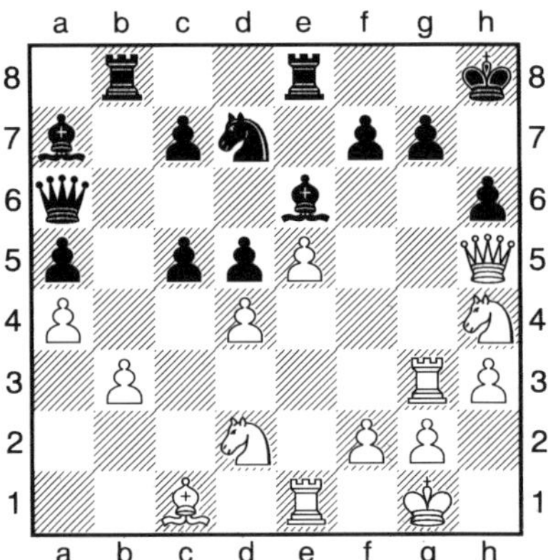

Diese Stellung mit der Dame auf e7 und dem Bauern auf c6 wäre eine deutliche Verbesserung zur Partiestellung, die für Weiß komplett gewonnen ist. Nachdem Lxd4 keine Drohung mehr ist, kann der Lb2 wieder in den Angriff eingeschaltet werden.

23...Tg8 24.Sdf3 Sf8 25.Lxh6 g6 26.Sxg6+ fxg6 27.Dh4 Sh7 28.Sg5 1–0

Fazit: Diese Partie zeigt, wodurch sich der weiße Plan mit dem schwarzen Bauern auf a5 von dem mit dem Bauern auf a6 unterscheidet. Statt am Damenflügel zu spielen, wurde Weiß im Zentrum und am Königsflügel aktiv. Nach Aufgabe des Läuferpaars zwecks besserer Zentrumskontrolle konnte er angesichts der am Damenflügel schlecht stehenden gegnerischen Figuren schnell gutes Spiel entwickeln. Insgesamt wurde der weiße Plan auf deutlich konkretere Nahziele statt auf langfristige statische Vorteile angelegt.

In der nächsten Partie zeigt Gawain Jones eine weitere Idee, um den Angriff am Königsflügel ins Rollen zu bringen. Durch ein Bauernopfer im Zentrum bekommt er eine enorme Aktivität und da die schwarzen Figuren zu unkoordiniert sind, schlägt der Angriff durch. Weiß nutzt (wie auch in der ersten Partie) seinen Raumvorteil im Zentrum und kann so am Königsflügel frei agieren.

(9) Jones, Gawain (2691)

Naiditsch, Arkadij (2734) [C54]

Baskenland 2019

1.e4 e5 2.Sf3 Sc6 3.Lc4 Lc5 4.0–0 Sf6 5.d3 d6 6.c3 h6 7.Te1 0–0 8.h3 a5 9.Sbd2 a4

Dies ist der zweite Hauptzug. Schwarz verhindert den Rückzug des Lc4 über b3 und gewinnt mehr Raum am Damenflügel. Das Feld a5 kann potenziell mit Ta5 oder Sa5 für aktive Ideen genutzt werden.

Nach 9...Le6 10.Lb5 würde das Spiel zur Partie Giri – Anton übergehen.

10.Sf1 Ld7

Mit der interessanten Alternative 10...Ta5!? will Schwarz nach folgendem Le6 verhindern, dass der weiße Läufer mit Lb5 dem Abtausch ausweicht. Nach z.B. 11.Sg3?! Le6 wäre Weiß praktisch zu 12.Lxe6 gezwungen, wonach eine Stellung entsteht, die nicht zu unseren bisher besprochenen Plänen passt. Stattdessen folgte in der Partie Ding – Nakamura (2020) 11.d4 Lb6 12.b4 axb3 13.Lxb3 usw.

11.d4 Lb6 12.Le3!?

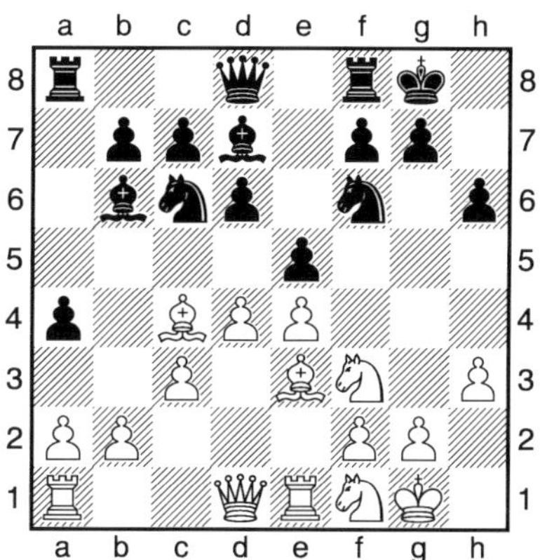

Nach diesem interessanten Bauernopfer bekommt Weiß einige Aktivität und Spiel am Königsflügel.

Mit 12.Sg3 könnte Weiß ohne Bauernopfer fortsetzen. Auch in diesem Fall dominiert er im Zentrum und wird versuchen, einen Angriff am Königsflügel zu starten.

12...exd4 13.cxd4 Sxe4

Mit der Alternative 13...d5 14.exd5 Se7 15.Sg3 Sexd5 könnte Schwarz versuchen, das weiße Spiel einzuschränken. Aber da noch alle Figuren auf dem Brett sind, wird der Isolani kein großes Problem für Weiß darstellen und er kann mit beispielsweise Ld2 nebst Dc1 den Druck gegen den schwarzen König nach und nach erhöhen.

14.d5 Sa5 15.Lxb6 Sxc4 16.Ld4

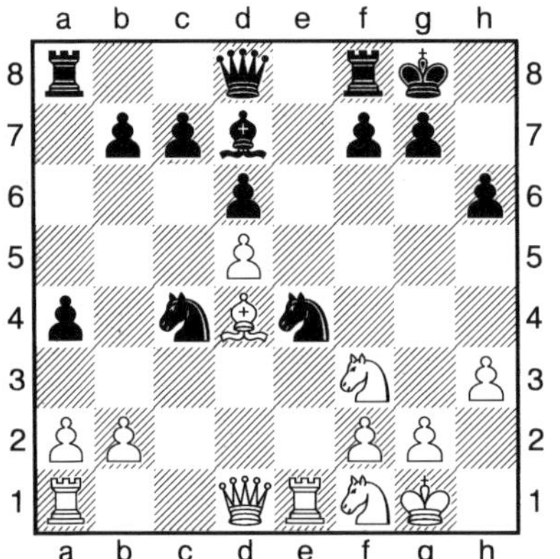

Dieses forcierte Abspiel hatte Weiß im Sinn. Für den Bauern hat er Raumvorteil und mit dem Ld4 eine überragende Figur auf der langen Diagonale.

16...Sg5

16...f5! wäre besser gewesen. Der Se4 kann nicht leicht vertrieben werden und stört die weiße Koordination enorm, da die in der Partie folgenden Züge Lc3 und Sg3 nicht mehr ohne Eingeständnisse möglich sind. Nun wäre 17.Tc1 Sb6 18.Sg3 Sxg3 19.Lxb6 cxb6 20.fxg3 eine mögliche Abwicklung zum Endspiel.

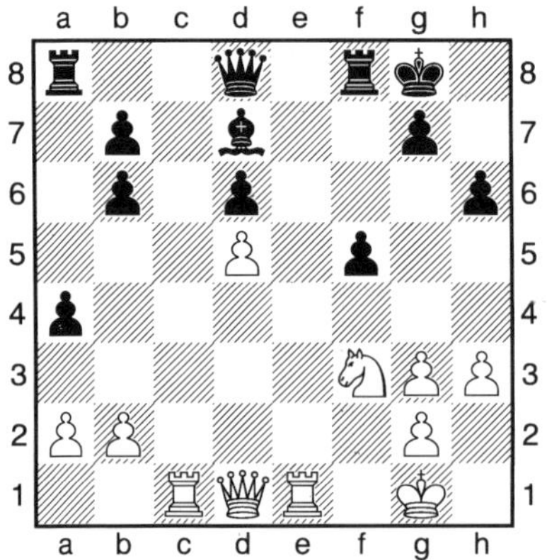

Angesichts der besseren Bauernstruktur sowie der geschwächten schwarzen Stellung sollte Weiß genug Kompensation für den Bauern haben.

17.Tc1 Sa5 18.Sg3

Nun bekommt Weiß einfacheres Spiel, da er seine Figuren koordinieren kann.

18...c5 19.Lc3 b5

Schwarz sucht Gegenspiel am Damenflügel, aber der weiße Angriff wird schnell gefährlich.

20.Sh5 f6 21.Dd3

Das Spiel auf den weißen Feldern wird Schwarz das Genick brechen.

21...Le8

Die Beispielvariante 21...b4?? 22.Sxg5 hxg5 23.Dg6+– zeigt, wie der weiße Angriff bei unvorsichtiger Verteidigung direkt durchschlagen würde.

22.Sf4 Sxf3+ 23.Dxf3

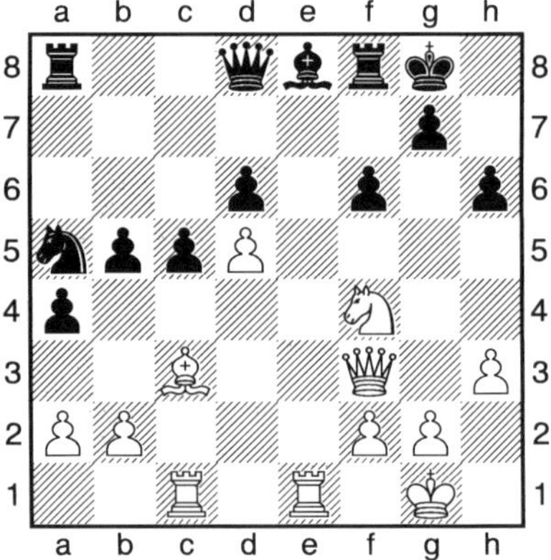

23...Tf7?

Nur mit 23...Lf7 hätte Schwarz die Partie halten können, obwohl Weiß auch dann nach 24.Se6 Lxe6 25.Txe6 sehr gute Kompensation hätte.

24.Se6 Dd7 25.Lxa5

Mit der Provokation weißer Felderschwächen im gegnerischen Lager hat der Läufer seinen Job erledigt. Jetzt gibt Weiß ihn auf, weil der Se6 anschließend den Le8 dominieren wird.

25...Txa5 26.Te3 Dc8 27.Df4 Ta6 28.Tce1 Ld7 29.Tg3

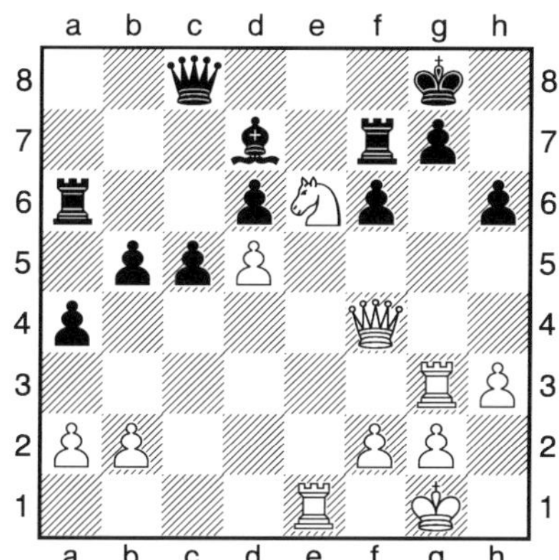

Wie in der Partie Giri – Anton nutzt der Turm auf g3 den Raumvorteil und gibt dem Angriff entscheidende Impulse.

29...g5 30.Df5 Kh8 31.Dg6 Dg8 32.Dxh6+ Dh7 33.Sd8!

Schwarz findet den einzigen klaren Gewinnweg und der Rest ist eine reine Formsache.

33...Tg7 34.Dxf6 Dg6 35.Dxg6 Txg6 36.Te7 Ta7 37.Sf7+ Kg8 38.Txg5 Kf8 39.Txd7 Txd7 40.Txg6 Kxf7 41.Th6 Kg7 42.Te6 b4 43.a3 Tb7 44.Txd6 c4 45.axb4 Txb4 46.Ta6 Txb2 47.Txa4 c3 48.Tc4 c2 49.Kh2 Kf6 50.f4 1–0

Fazit: Wie in der Partie Giri – Anton besteht der weiße Plan gegen die a5-Systeme darin, unter Nutzung des Raumvorteils im Zentrum einen Angriff am Königsflügel zu starten. In der Partie geschieht dies mit einem interessanten Bauernopfer, wonach kleine Ungenauigkeiten von Schwarz ein Gegenspiel unmöglich machen, so dass der Angriff schnell durchschlägt.

Es folgt eine weitere Kurzpartie, in der Weiß ebenfalls schnell einen durchschlagenden Angriff bekommt. Wieder erweist sich der weiße Raumvorteil im Zentrum bei der Organisation eines harmonischen Angriffs als nützlich.

(10) Burke, John (2554)

Xiong, Jeffery (2700) [C54]

USA-ch Saint Louis 2021

1.e4 e5 2.Sf3 Sc6 3.Lc4 Lc5 4.0–0 Sf6 5.d3 d6 6.c3 h6 7.Te1 0–0 8.h3 a5 9.d4

Dieser Vorstoß ist eine Alternative zu dem langsameren Sbd2 aus den ersten beiden Beispielen. Weiß stellt den natürlichen Entwicklungsplan Sbd2–f1 zurück, um ohne Zeitverlust direkt im Zentrum zu spielen.

9...La7

So vermeidet Schwarz das Problem, dass nach der möglichen Folge 9...Lb6 10.Le3 nebst d4-d5 ein Doppelbauer auf b6/b7 entsteht.

In der Partie Carlsen – Nakamura bekam Weiß nach 10...exd4 11.cxd4 d5 12.exd5 Se7 das typisch aktive Spiel für die Inkaufnahme des Isolanis auf d4.

10.Lb3

Da Weiß sich mit d3-d4 zur Deckung des Vollzentrums verpflichtet hat, wird der Läufer nach c2 umgesetzt.

10...Te8 11.Lc2 Ld7

Schwarz möchte sich noch nicht auf einen Plan festlegen.

So könnte er mit 11...exd4 versuchen, den mit Lb3–c2 einhergehenden Zeitverlust auszunutzen, aber nach 12.cxd4 Sb4 13.Sc3 Sxc2 14.Dxc2 bleibt das weiße Zentrum erhalten und das schwarze Läuferpaar hat keine nennenswerte Perspektive.

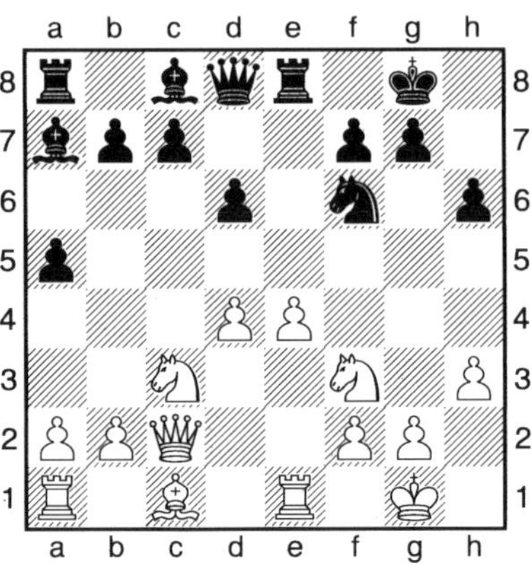

12.a4

Damit verhindert Weiß den eventuellen weiteren Vorstoß a5-a4 und ermöglicht gleichzeitig den potenziellen Turmschwenk mit Ta3 usw.

12...Dc8

Schwarz bereitet offenbar ein eventuelles Opfer auf h3 vor, aber er steht nicht aktiv genug, um ein solches zu rechtfertigen.

Die Alternative 12...exd4 13.cxd4 Sb4 14.Sc3 Sxc2 15.Dxc2 kommt auch hier in Frage. Durch den Einschub von a2-a4 hat Weiß zwar ein potenzielles Loch auf b4, aber angesichts der Zentrumsbeherrschung bleibt die Einschätzung der Stellung ähnlich.

13.Le3

Mit der logischen Alternative 13.Sa3 will Weiß ein Tempo gegen den La7 gewinnen. Aber hier scheint Schwarz tatsächlich genügend Spiel mit dem Opfer

13...Lxh3 14.gxh3 Dxh3 zu bekommen; z.B. 15.Sb5 Sg4 16.Sxa7 Te6 17.Sxc6 bxc6 usw.

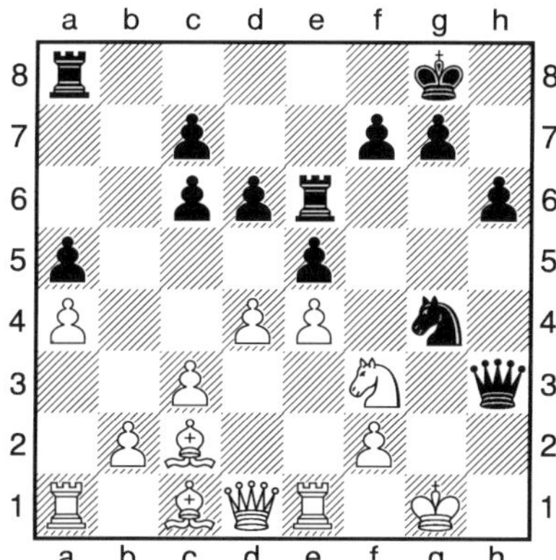

Eine typische Stellung für eine Engine-Bewertung von 0,00, aber dies sollte nicht im Sinne des Weißspielers sein.

13...exd4

13...Lxh3? 14.gxh3 Dxh3 ist hier eine schlechtere Version (als nach 13.Sa3), denn mit 15.d5! wird das Manöver Te6–g6 verhindert, so dass Schwarz nicht genug Angreifer mobilisieren kann.

14.Lxd4

Wieder muss Weiß einen Läufer zum Wohle des Zentrum hergeben, aber der La7 bleibt außer Spiel und nach dem kommenden Vorstoß e4-e5 hat Weiß gutes Angriffspotenzial.

14...Sxd4

Mit 14...Dd8 will Schwarz die Errichtung eines weißen Vollzentrums vermeiden, aber nach 15.Lxa7 Txa7 16.Sa3 steht Weiß angesichts des Raumvorteils weiterhin etwas besser und hat das leichtere Spiel.

15.cxd4 c5?!

Mit diesem prinzipiellen Ansatz wird Weiß vor die Entscheidung gestellt, was er für sein starkes Zentrum zu tun gedenkt. Allerdings führt dieses Herangehen zu konkreten Problemen.

16.e5!

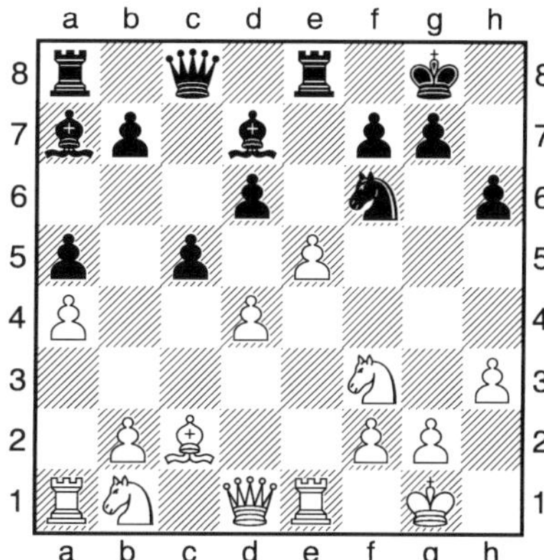

Der weiße Plan wird klar: Mit dem Sf6 wird die letzte Verteidigungsfigur des schwarzen Königs vertrieben. Danach kann Weiß mit aller Macht angreifen, während die drei schwarzen Figuren am Damenflügel nichts zur Verteidigung beitragen können.

16...Sd5

So entfernt sich der Springer endgültig vom Königsflügel und kann außerdem mit Lb3 und Sc3 angegriffen werden.

Nach 16...Sh5 17.Dd3 g6 wäre der Springer auf h5 wenigstens kein Angriffsziel, was den weißen Angriff zumindest erschwert hätte.

17.Dd3 g6 18.Lb3 Sf4

Nach 18...Le6 19.Dd2! weicht die Dame mit Tempo einem möglichen Springerabzug aus. Nach der möglichen Folge 19...Kg7 20.Sa3 wäre die Einschätzung unverändert: Weiß steht deutlich aktiver und die schwarzen Figuren stehen am Damenflügel zu weit vom Schuss.

19.De4 Se6

Weiß gewinnt ein Tempo nach dem anderen und verbessert somit schrittweise seine Figurenstellung.

20.Dh4 c4

20...Kg7 21.Df6+ Kg8 22.d5 hätte Schwarz auch nicht geholfen.

21.Sc3!?

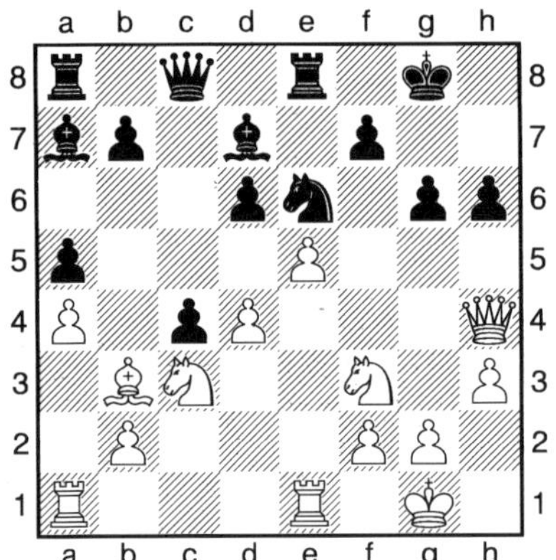

Eine schöne Geschichte: Der Sb1 wurde 20 Züge lang nicht entwickelt und kann im richtigen Moment auf das bessere Feld c3, statt den mühsamen Weg über d2 und f1 zu gehen!

Allerdings – und zum Leidwesen aller Schach-Ästheten – wäre d2 hier das bessere Feld für den Springer gewesen. So wäre nach 21...Sbd2! Sg5 22.Dxh6 Sxf3+ 23.Sxf3 die Anschlussdrohung Sg5 nebst Matt nicht mehr zu parieren gewesen.

21...dxe5

Nach diesem weiteren Fehler ist es ganz aus.

Nach der forcierten Computer Variante 21...Sg5 22.Dxh6 Sxf3+ 23.gxf3 Lxd4 24.Sd5 Te6 25.Sf6+ Txf6 26.exf6 Lxf6 27.Df4 Le5 28.Dxc4 hätte Schwarz noch Überlebenschancen gehabt.

22.Dxh6 Lc6 23.d5 cxb3 24.Se4

Gegen das kommende Sg5 ist kein Kraut gewachsen.

24...Dd8 25.dxe6 1–0

Fazit: Eine weitere Partie, in der Weiß ausnutzen konnte, dass Schwarz mit der Verlegung von zu vielen Figuren zum Damenflügel seinen König allein gelassen hat. Schwarz hat mit 15...c5 versucht, das Zentrum aufzubrechen, aber (wie auch in der Partie Jones – Naiditsch) werden die weißen Figuren nach der Öffnung des Zentrums dermaßen aktiv, dass Schwarz unter dem Druck zusammenbricht.

Im folgenden letzten Beispiel zum Thema wird gezeigt, welchen Plan Weiß wählen kann, wenn Schwarz das Zentrum nicht mit exd4 öffnet (wie in den ersten drei Beispielen), sondern die dortige Spannung aufrechterhält.

(11) Le, Quang Liem (2713)

Vidit, Santosh Gujrathi (2721) [C54]

WM Rapid Moskau 2019

1.e4 e5 2.Sf3 Sc6 3.Lc4 Lc5 4.0–0 Sf6 5.d3 0–0 6.h3 d6 7.c3 h6 8.Te1 a6

Nach 8...a5 9.Sbd2 entstünde die gleiche Stellung wie nach 10.Sbd2 in der Partie – allerdings ohne den Bauern auf a4.

9.a4 a5

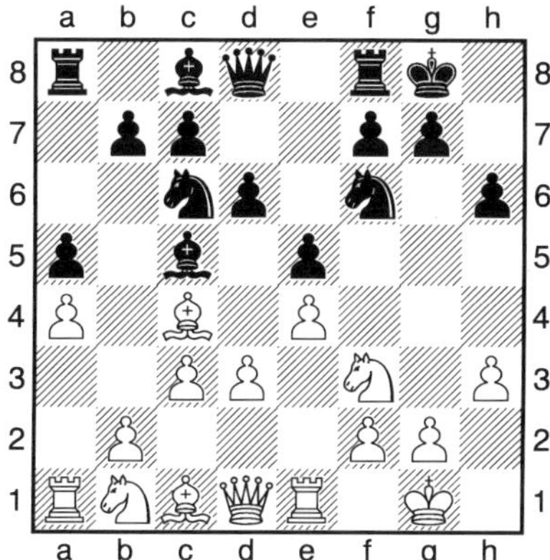

In dieser Partie wählt Vidit ein auf den ersten Blick merkwürdig aussehendes Herangehen: Er spielt zuerst a6, und nachdem Weiß sich mit a2-a4 festgelegt hat, setzt er mit a6-a5 fort. Eine Idee dieses Systems besteht darin, dass Weiß den Läufer (nach folgendem Lc8-e6) nicht mit dem Manöver Lb5-a4 nach c2 zurückbringen kann. Außerdem hat Weiß das Feld auf b4 geschwächt, was nach dem eventuellen Vorstoß d3-d4 und der Folge exd4 cxd4 relevant sein könnte.

10.Sbd2 Le6 11.b3

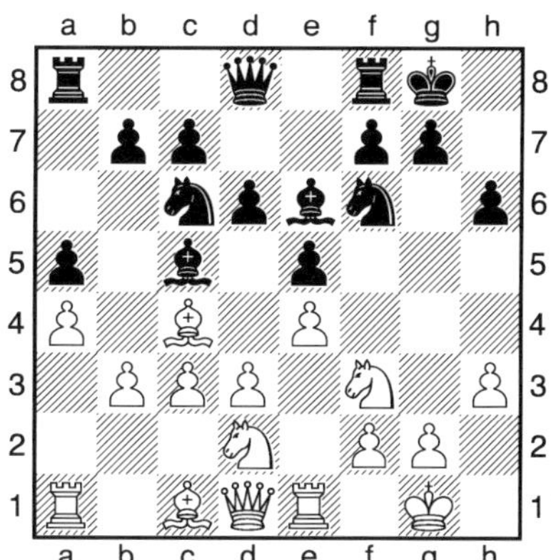

Weiß stützt den Lc4 und bereitet die weitere Entwicklung mit Lb2 nebst d4 vor.

Nach 11.Lb5 Sa7 zeigt sich die schwarze Idee, um die Position des Bauern auf a4 auszunutzen. Allerdings kam auch diese Fortsetzung schon in den Partien starker Spieler vor.

11...Te8

11...Lxc4? 12.bxc4 wäre genau die Fortsetzung, auf die Weiß nach b2-b3 hofft. Mit Tb1 kann er die b-Linie nutzen, um b7-b6 zu provozieren und später mit d3-d4 usw. einem sehr simplen Plan zu folgen.

12.Lb5

Da nun Sa7 nicht mehr möglich ist, kann der Läufer nach b5.

12...Ld7

Schwarz vermeidet einen Doppelbauern und geht prophylaktisch der nach späterem d3-d4 drohenden Gabel d4–d5 aus dem Weg.

13.Lb2 La7 14.Sf1

Weiß bereitet d4 weiter vor, weil die sofortige Ausführung nach 14.d4 exd4 15.cxd4 zu einer Störung seiner Koordination führen würde. Da nämlich der Sd2 an die Verteidigung des Bauern e4 gebunden wäre, könnte er nicht sofort nach g3 überführt werden kann.

14...Se7 15.Lxd7 Dxd7 16.Sg3

Nun steht Weiß zum Raumgewinn im Zentrum bereit.

16...Sg6 17.d4 Tad8 18.c4!

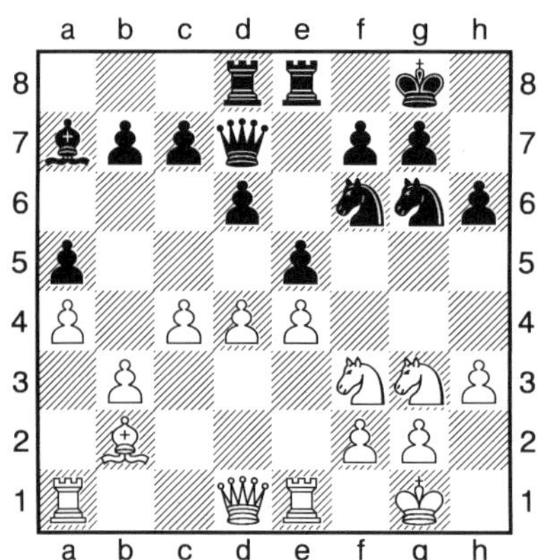

Weiß öffnet dem Lb2 die lange Diagonale für einen potenziellen Angriff am Königsflügel und verhindert fürs erste den schwarzen Gegenstoß d5.

18...c6 19.Dc2 Dc7 20.Tad1

Weiß lädt alle Figuren zur Party ein und hat dank des Raumvorteils die bessere Stellung.

20...Sd7 21.Sf5 Se7 22.S3h4

Weiß verbessert langsam seine Figurenstellung und kann mit einem Turmschwenk auf der dritten Reihe oder mit La3 den Druck erhöhen, während es Schwarz an aktiven Ideen fehlt.

22...Sxf5 23.Sxf5 Kh7 24.Dc1 exd4

Wenn Schwarz mit 24...Sf8 die Spannung aufrechterhält, könnte mit 25.Td3 ein typischer Turmschwenk folgen.

25.Sxd4

25.Lxd4 Lxd4 26.Txd4 zwecks Erhalt des starken Springers wäre ein anderer Ansatz gewesen, aber auch der Lb2 ist ja eine sehr starke Figur, deren Anwesenheit auf dem Brett sich bezahlt machen kann.

25...Lxd4 26.Lxd4

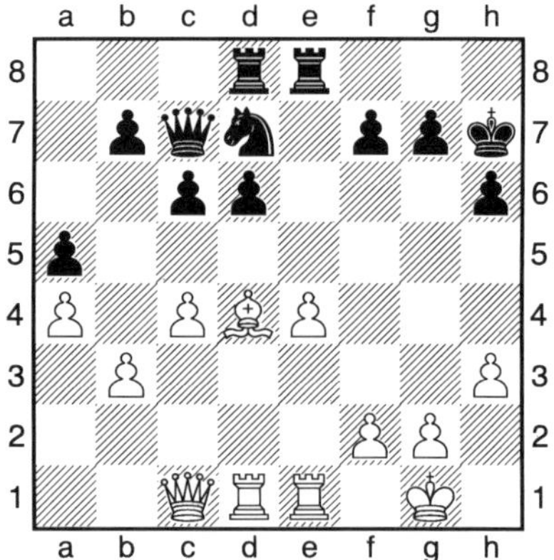

26...f6 27.Df4

Angesichts seines Raumvorteils und seiner aktiveren Figuren sollte Weiß Vorteil haben.

27...Se5 28.Df5+ Kg8 29.f4 Sf7?

29...Sd7 wäre besser gewesen, da der Springer von dort Druck auf c5 ausübt oder nach Sf8 wenigstens zur Verteidigung beitragen könnte. Hingegen wird er auf f7 vom Bauern f4 in der sogenannten 'Karpow-Distanz' dominiert (wenngleich hier mit Bauern statt mit dem König).

30.Te3

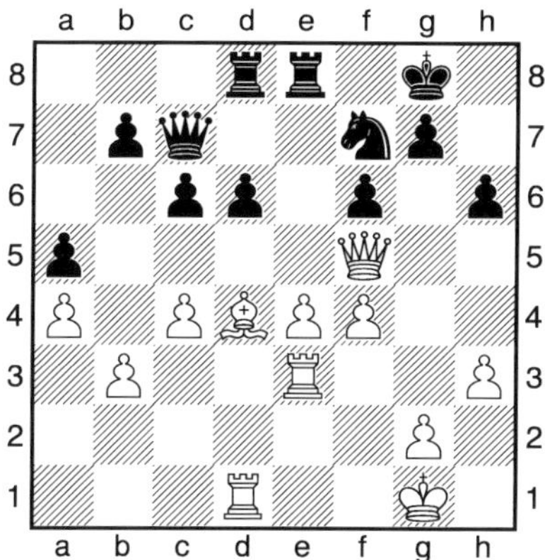

Nun sind die schwarzen Figuren dem Angriff hoffnungslos ausgeliefert.

30...Kh8 31.Tde1 Tg8 32.Tg3 Tde8 33.Tee3

Da Schwarz absolut kein Gegenspiel hat, kann Weiß sich alle Zeit der Welt lassen.

33...c5 34.Lc3 b6 35.Tg6 Db7 36.Txf6

Der endgültige Knockout.

36...gxf6 37.Lxf6+ Tg7 38.Dg6 Teg8 39.Tg3 Sg5 40.Txg5 1–0

Fazit: In dieser Partie hat Le Quang das passive schwarze Spiel gut ausgenutzt und den Raumvorteil im Zentrum geschickt ausgespielt. Mit 18.c4 wurde der eventuelle Gegenstoß d6-d5 bequem verhindert. Im Vergleich zu den anderen Beispielen in diesem Kapitel hat Schwarz das Zentrum nicht durch den frühen Abtausch exd4 geöffnet. Dadurch erhielt Weiß nicht die Möglichkeit zum Vorstoß des e-Bauern, aber der vietnamesische Spitzenspieler zeigt eindrucksvoll, wie Weiß seine Stellung trotzdem verbessern kann.

3.1 Zusammenfassung der Pläne

Mit dem schwarzen Bauern auf a5 erhält die Partie eine andere Dynamik. In den Beispielen war zu sehen, dass Weiß einen klaren Plan verfolgt: Er gewinnt Raum im Zentrum und versucht die so gewonnene Freiheit zur Verlegung seiner Figuren zum Königsflügel zu nutzen. Verglichen mit dem (aus den a6-Systemen bekannten) Angriff von Schwarz stehen dessen Figuren hier weniger optimal, so dass Weiß meist schneller ist und nach Abwehr des Gegenspiels selbst zum Angriff übergehen kann.

Zur Ausführung dieses Angriffsspiels haben wir mehrere Möglichkeiten gesehen, die jetzt wie gewohnt zusammengefasst werden. Angesichts der konkreteren Natur des Königsangriffs (verglichen mit dem langfristigen Spiel am Damenflügel) ist in diesen Stellungen allerdings eine höhere Genauigkeit bei der Variantenberechnung gefordert, da Schwarz nach einer einzigen gegnerischen Ungenauigkeit oft wieder ins Spiel zurückfinden kann. Entsprechend sind die hier noch einmal beschriebenen wiederkehrenden Motive zwar ein guter Leitfaden, allerdings dürfen sie niemals als alleiniges Mittel zum Zweck verstanden werden.

Der Läufer auf c4

In den Systemen mit dem schwarzen Bauern auf a6 ist der Abtausch der weißfeldrigen Läufer im Interesse von Weiß, da sich das schwarze Exemplar als ein starker Angreifer erweisen könnte. Mit dem Bauern auf a5 will hingegen *Weiß* einen Königsangriff starten und zu dessen Vorbereitung wird sein weißfeldriger Läufer als wichtige Figur benötigt. So kann dieser gut auf die b1-h7 Diagonale überführt werden (wie es in der Partie Burke – Xiong geschah). Von c2 aus deckt er zunächst das potenziell schwache Bauernzentrum (Bauer e4!), aber nach der eventuellen Öffnung des Zentrums kann er auch schnell zu einer guten Angriffsfigur werden. Im ersten Beispiel zeigte Giri eine weitere Möglichkeit, wie man mit dem Lc4 umgehen kann. Durch dessen Abtausch gegen den Sc6 wird der gegnerische Druck aufs Zentrum reduziert, was ebenfalls zu dessen Stabilisierung beiträgt.

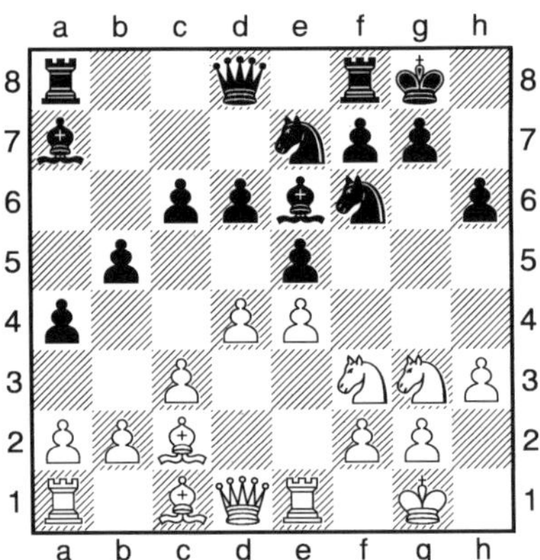

Firouzja, Alireza (2770)
Howell, David (2658) [C54]
FIDE Grand Swiss Riga 2021

In diesem Beispiel erledigt der Läufer auf c2 eine wichtige Aufgabe: Er stützt das Zentrum, kann jedoch nach dessen eventueller Öffnung enorme Angriffskraft beisteuern.

Der Durchbruch im Zentrum

In allen drei Beispielpartien hat Weiß ein Vollzentrum mit Bauern auf d4 und e4. Dieses bietet dem Weiß viel Raum für mögliche Umgruppierungen, wie beispielsweise einen langen Turmschwenk auf der dritten Reihe oder die Entwicklung der Dame zum Königsflügel. Allerdings war in allen drei Partien ein weiterer Vorstoß im Zentrum für einen durchschlagenden Angriff unverzichtbar. Im ersten und letzten Beispiel führte der Keilbauer auf e5 nicht nur zur Öffnung der Diagonale b1-h7, sondern auch zur Vertreibung des Sf6 und somit des letzten Verteidigers des schwarzen Königs. Im Beispiel Jones – Naiditsch war es hingegen der weiße Bauer auf d5, der die Stellung dominierte und das kritische Feld e6 in der schwarzen Stellung kontrollierte.

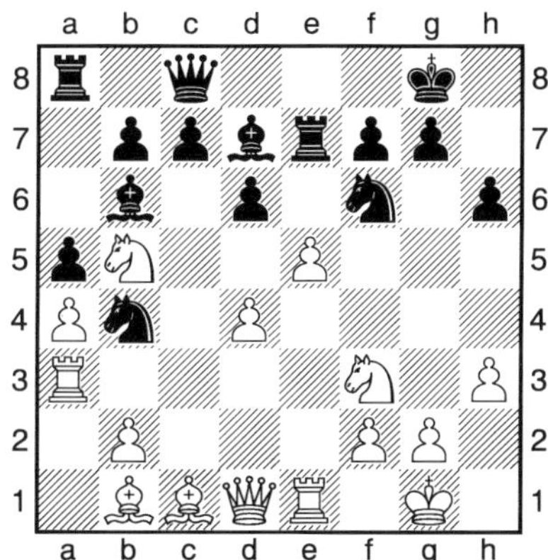

Giri, Anish (2797)

Karjakin, Sergey (2753) [C54]

Gashimov Memorial Shamkir 2019

In dieser typischen Stellung aktiviert Weiß seinen Lb1, vertreibt den Sf6 und steht dann bereit, mit allen zum Königsflügel zielenden Figuren einen Angriff zu starten.

Der Turmschwenk auf der dritten Reihe

Dank des Raumvorteils bieten sich dem Weißen zusätzliche Angriffsmöglichkeiten. In den Partien Giri – Anton und Jones – Naiditsch zeigten die Weißspieler, wie eben dieser Raumvorteil genutzt werden kann, um den Turm über die 3. Reihe ins Spiel zu bringen. Dieses Manöver war in beiden Partien die entscheidende Vorbereitung für die zum Sieg führenden taktischen Schläge, da Schwarz diesem zusätzlichen Angreifer mit keinem adäquaten Gegenspieler Paroli bieten konnte.

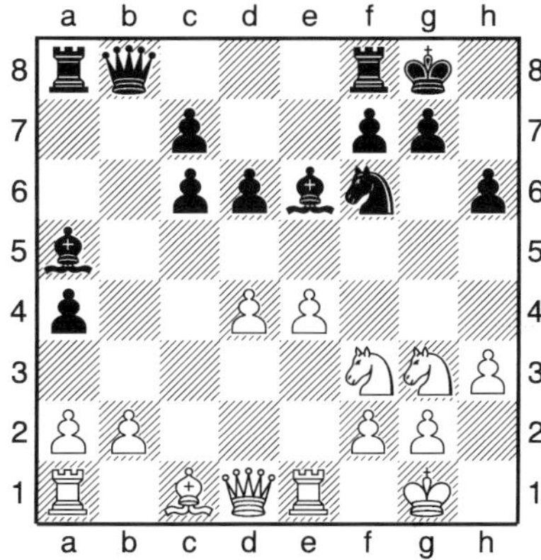

Anand, Viswanathan (2773)

Vidit, Santosh Gujrathi (2702) [C54]

Tata Steel India Blitz, Kalkutta 2018

Hier wurde der weiße Turm nach 16.Te3 Db5 17.Sh4 Tfe8 18.Tf3 schnell zum entscheidenden Bestandteil des direkten Königsangriffs. Schwarz musste zunächst Drohungen wie Lxh6 und Txf6 parieren, brach jedoch im späteren Partieverlauf unter dem Druck zusammen.

3.2 Aufgaben zu den Systemen mit schwarzem a5

(1) Wie ist die Stellung nach **1...exd4 2.cxd4 Sb4** einzuschätzen?

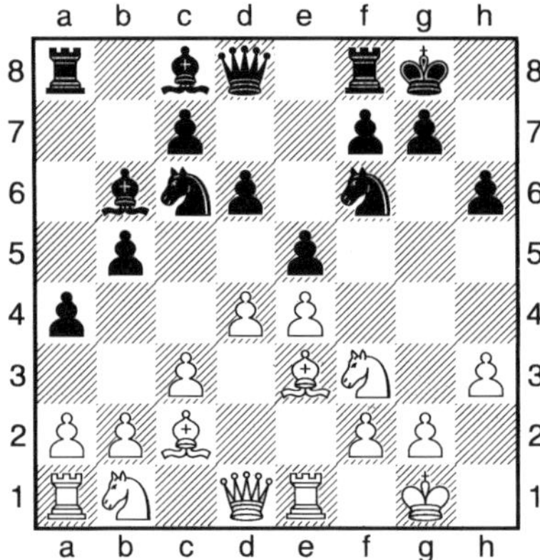

(1) Firouzja, Alireza (2749)

Ding, Liren (2791) [C54]

Skilling op chess24.com INT 2020

(2) Hier wiederholten beide Spieler mit **1.Sa3 Sc6 2.Sb5 Sa7** zweimal die Züge, dann jedoch wich Esipenko in dieser Stellung aus. – Auf welche Weise?

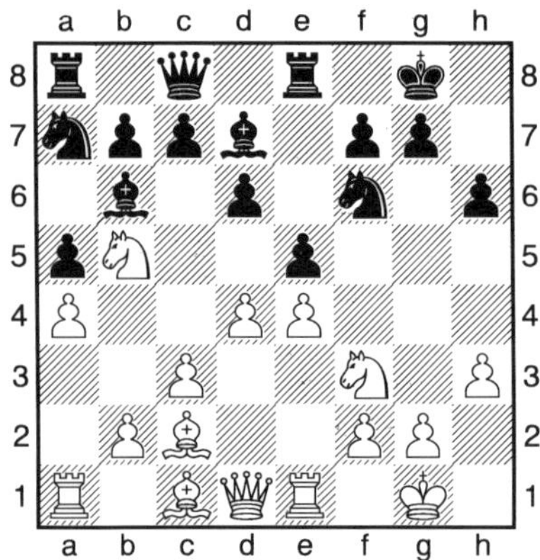

(2) Esipenko, Andrey (2714)

Karjakin, Sergey (2743) [C54]

Tata Steel Wijk aan Zee 2022

3.3 Lösungen der Aufgaben mit a7-a5

(1) In der Stellung nach **1...exd4 2.cxd4 Sb4** muss Weiß zwar das Läuferpaar aufgeben, aber nach **3.Sc3 Sxc2 4.Dxc2** ist er sehr gut entwickelt und kann aufgrund des Zentrums auf einen potenziellen Angriff nach einem Vorstoß mit e5, wie in Burke-Xiong, hoffen. In der Partie folgte **4...La5 5.Ld2 Tb8 6.e5**, wonach Weiß eine gute Stellung hatte und die Partie im späteren Verlauf gewann.

(2) Um die dritte Zugwiederholung zu vermeiden, wählte Esipenko mit **3.c4!** ein Vorgehen, das aus der Partie Le – Vidit bekannt ist. Weiß verhindert das Gegenspiel d6-d5 und somit eine Aktivierung der schwarzen Figuren. In der Partie folgte **3...Sxb5 4.axb5 exd4 5.Sxd4 c6**. Nun hat Weiß mit dem Bauern auf d6 ein Angriffsziel. Er kann seinen Raumvorteil unter Nutzung der Ressource Ta3-g3 für einen direkten Königsangriff einsetzen – oder auch einfach mit Lf4 Druck auf den Bauern d6 ausüben.

4. Andere schwarze Pläne

In den letzten beiden Kapiteln wurden die modernen Hauptsysteme der Italienischen Eröffnung behandelt und es wurde gezeigt, wie Weiß gegen die typischsten schwarzen Pläne vorgeht. Obwohl sich diese vor allem auf GM-Level als Hauptpläne herauskristallisiert haben, ist es sinnvoll, sich auch mit anderen Plänen vertraut zu machen, auf die Schwarz ausweichen könnte, weil er die Partie entweder aus bekannten Gefilden lenken will oder weil er sich am Brett dazu inspirieren lässt.

Gegen diese Pläne erreicht Weiß zumeist eine objektiv gute Stellung, aber sie können sich als gefährlich erweisen, da viele unserer in den letzten Kapiteln erarbeiteten strategischen Leitfäden an Wirkung verlieren. In der Folge werden die markantesten und am meisten von normalen Spielweisen abweichenden Pläne untersucht.

Der erste dieser Pläne besteht in dem Versuch, den Vorstoß f7-f5 vorzubereiten, wozu ja bereits im Kapitel über Zugumstellungen ein Beispiel gezeigt wurde. Allerdings kann Schwarz diesen Ansatz auch wählen, wenn Weiß alle in dieser Arbeit aufgestellten Regeln befolgt, obwohl dieser dann, wie in der Folge zu sehen ist, nicht mehr so durchschlagend ist.

Der zweite Versuch, das Spiel schnell in unklare Bahnen zu lenken, ist uns auch schon von der Besprechung typischer Fehler bei Zugumstellungen bekannt, nämlich der Plan, die Rochade zurückzustellen und stattdessen mit h7-h6 nebst g7-g5 einen Bauernsturm einzuleiten. Jedoch wird auch in dem diesbezüglichen Beispiel gezeigt, wie Weiß sich zu verteidigen hat, wenn Schwarz zu diesem Bauernsturm ansetzt, obwohl die weiße Stellung gar keine Angriffsmarke auf h3 aufweist.

Ein weiterer Ansatz besteht in dem Versuch, schnell b7-b5 zu spielen, um so den weißen Plan, am Damenflügel Fortschritte zu machen, deutlich zu erschweren. Allerdings ist auch dieser Plan kein Problem, wenn Weiß die adäquaten Gegenmaßnahmen kennt.

Die erste Beispielpartie zeigt, wie Caruana als Weißer den f5-Plan gar nicht erst zulässt und in der Folge eine gute Stellung bekommt, indem er sich einfach an die auch uns bekannten Regeln hält.

(12) Caruana, Fabiano (2822)

So, Wesley (2760) [C54]

Superbet rapid Bukarest 2019

1.e4 e5 2.Sf3 Sc6 3.Lc4 Lc5 4.c3 Sf6 5.d3 d6 6.0–0 a6 7.a4 0–0 8.Te1 La7 9.h3

Die uns bekannte Stellung, in der nun 9...h6 10.Sbd2 zu Abspielen führen würde, die wir bereits zur Genüge betrachtet haben.

9...Kh8?!

Die Idee von Schwarz sieht folgendermaßen aus: Er will den Sf6 wegziehen, um dem f-Bauern freie Bahn zu geben und somit schnell eine wilde Stellung weit weg von strategischen Erwägungen herbeizuführen.

10.d4

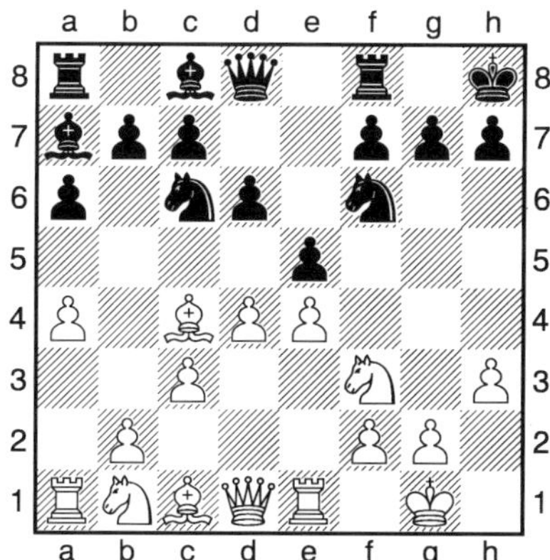

Mit diesem logischen Zug versucht Schwarz (wie wir schon in Kapitel 2.2 gesehen), den Lc8 auf dem Brett zu halten, um einen schnellen Angriff folgen zu lassen. Dagegen muss Weiß im Zentrum spielen.

In der Partie Karjakin – Vitiugov (2019) folgte 10.b4 Sg8 11.Sbd2 f5, wonach Schwarz genau das aktive Spiel bekam, das er mit dem Manöver Kh8 nebst Sg8 erreichen wollte.

10...Sg8 11.b4

Eine weitere Parallele zu Kapitel 2.2: Nach dem Raumgewinn im Zentrum wird Weiß weiter am Damenflügel spielen. Hier opfert Weiß zwar einen Bauern, aber wie Caruana zeigen wird, kann er genug Aktivität entwickeln, da Schwarz zu viel Zeit verloren hat.

11...exd4

Sollte Schwarz seinen Plan mit 11...f5!? fortsetzen, kann Weiß es ausnutzen, dass er Sbd2 zurückgestellt und Raum im Zentrum gewonnen hat. Nach der möglichen Folge 12.Lg5 Sf6 13.exf5 Lxf5 14.b5 Se7 15.dxe5 bekommt Schwarz zwar die gewollte offene Stellung, aber angesichts der weißen Aktivität ist dies eine bessere Version als zum Beispiel in der Partie Karjakin – Vitiugov.

12.cxd4 Sxb4 13.a5!

Nach diesem interessanten Zug ist der Sb4 gestrandet und Schwarz wird es nicht leicht haben, ihn zu retten.

13...f6

Hier wäre der vorbereitete Plan mit dem Vorstoß des f-Bauern schon ein klarer Fehler, denn nach 13...f5? 14.e5 bekommt Weiß einen Freibauern, während die erhoffte schwarze Aktivität noch nicht zu sehen ist. Nach beispielsweise 13...Se7? 14.Ta4 c5 15.Sg5 Ld7 16.Dh5 steht Weiß zu aktiv, so dass Schwarz mit f7-f6 einen weiteren passiven Zug machen muss.

14.Sc3

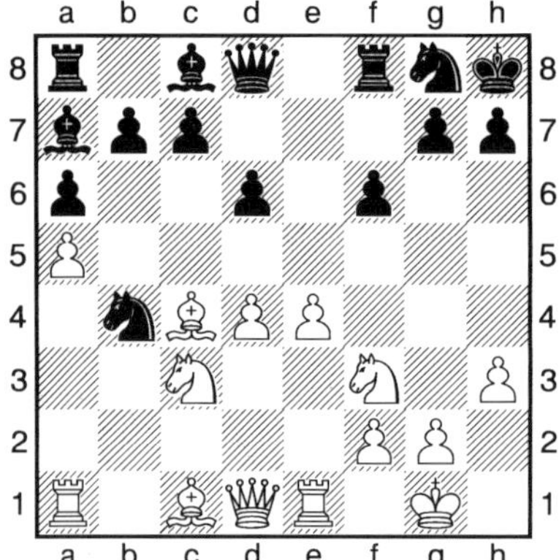

Eine gute Stellung für ein Resümee. Weiß hat den schwarzen Angriff gar nicht aus den Startlöchern kommen lassen und kann nun zu seinen typischen Plänen zurückkehren. Er kann am Damenflügel spielen oder (wie gegen die Systeme mit a7-a5) im Schutze des starken Zentrums einen Königsangriff starten. Der Sb4 bleibt weiterhin ein Problem für Schwarz und Weiß hat das klar einfachere Spiel.

14...Se7 15.Se2 d5

Dieser Befreiungsschlag kommt zu früh. Da Weiß alle Figuren im Spiel hat und deutlich besser koordiniert ist, sollte die schwarze Stellung dem Angriff nicht standhalten.

Nach der logischen Fortsetzung 15...Sg6 16.La3 Sc6 17.Dd2 sind die weißen Figuren komplett aktiviert, während das schwarze Läuferpaar keinerlei aktive Perspektive hat. Und all das für nur einen Bauern.

16.exd5 Sbxd5 17.La3 Te8 18.Sg3

Das ist zwar das typische Feld für den Springer, aber hier ist dieser Zug ein Schritt in die falsche Richtung. Die Kontrolle von d5, dem Feld vor dem Isolani, wäre hier essenziell gewesen.

Eine bessere Fortsetzung wäre 18.Db3 c6 19.Sc3! gewesen.

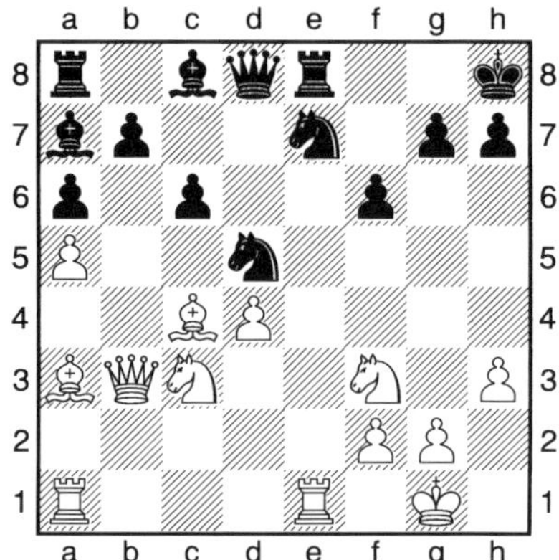

Denn da Weiß nach 19...Sxc3 20.Lf7 Material gewinnt und es keine andere Möglichkeit gibt, den Druck abzuschütteln, wird die schwarze Stellung früher oder später kollabieren.

18...Ld7 19.Db3 Lc6 20.Te4 b5 21.axb6 Sxb6 22.Lxe7 Txe7 23.Txe7

Schwarz konnte sich wieder in eine vernünftige Stellung retten. Zwar gewann Weiß die Partie, aber mit 18.Sg3 vergab er eine gute Chance. Die weiteren Züge haben für unsere Betrachtung wenig Wert.

23...Dxe7 24.Lxa6 Ld5 25.Dc3 Td8 26.Te1 Dd7 27.Dc5 Dc6 28.De7 Dd7 29.Sh4 Lf7?

Nach 29...Dxe7 30.Txe7 Sd7 hätte Schwarz keine Probleme und die Partie wäre in Kürze friedlich geendet.

30.Lb5 Dxe7 31.Txe7 Ld5 32.Sh5 Sc8 33.Txg7 Lxd4 34.Ld3 Lg8 35.Sf5 Sd6 36.Sxd4 1–0

Fazit: In dieser Partie zeigte Caruana sehr schematisch, wie man mit dem Plan Kh8, Sg8, f5 umgeht. Unter Beachtung der uns bereits bekannten Regeln richtet man sich darauf ein, den schwarzen Angriff am Königsflügel unter Kontrolle zu halten. Schwarz zieht seine Figuren aus dem Zentrum ab, also spielt Weiß genau dort. Schwarz erlaubt es uns, Raum am Damenflügel zu gewinnen, also tun wir dies. Leider gelang es Caruana nicht (womöglich mangels Bedenkzeit), seine gute Stellung zu verwerten, aber trotzdem ermöglicht uns die Partie ein gutes Verständnis der weißen Spielanlage.

Es folgt ein Beispiel derselben Spieler (mit vertauschten Farben), wobei diesmal Caruana versucht, seinen Gegner mit einer Nebenvariante zu überraschen. Auch hier zeigt der Weißspieler ein schönes Konzept, um den Angriff zu stoppen und gibt uns somit einen Ansatz, an den wir uns halten können, um den Plan mit h6-g5 richtig zu behandeln.

(13) So, Wesley (2770)

Caruana, Fabiano (2835) [C54]

Lichess.org INT 2020

1.e4 e5 2.Sf3 Sc6 3.Lc4 Lc5 4.c3 Sf6 5.d3 a6 6.0–0 d6 7.a4 h6 8.Te1 La7 9.Sbd2 g5?!

Dies ist ein weiterer Versuch, der Stellung mit Schwarz einen Stempel aufzudrücken. Der Plan ist klar: Schwarz will mit g5–g4 nebst Aktivierung des Sf6 und der Dame einen Angriff starten. Da Weiß allerdings noch nicht h2-h3 gespielt hat, fehlt dem schwarzen Angriff ein klarer Ansatzpunkt. Außerdem kann es Schwarz langfristig zum Verhängnis werden, dass seinem König der sichere Zufluchtsort auf dem Königsflügel fehlen wird, während dieser am Damenflügel in einen Bauernsturm geraten könnte.

9...0–0 10.h3 wäre der Übergang in bekannte Gefilde.

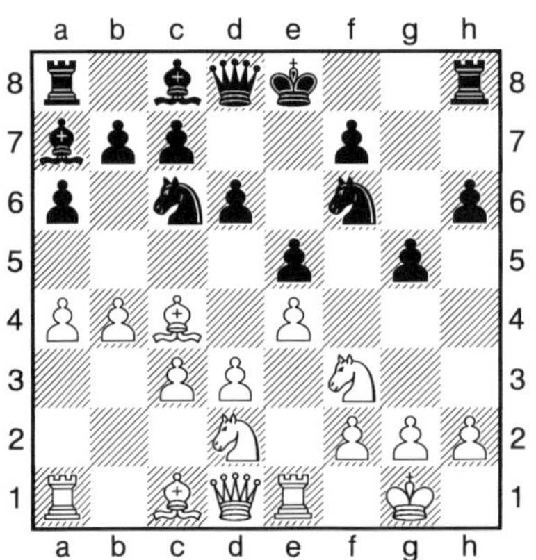

Weiß braucht keine Angst vor dem aggressiven Vorstoß zu haben. Er wird versuchen, d4 durchzusetzen und Raum am Damenflügel zu gewinnen, um seine Pläne wie in einer normalen Stellung durchzusetzen.

10.Sf1 g4 11.S3d2 h5 12.Se3 h4 13.Sdf1 ist eine weitere Fortsetzung, die Weiß in der Vergangenheit gewählt hat. Damit verfolgt Weiß jedoch noch keinen aktiven Plan, was nicht im Sinne von Wesley So war, der einen Gegenangriff am Damenflügel und im Zentrum bevorzugt.

10...Sh7

Nun droht g5-g4 mit Gewinn des Springers.

Nach sofort 10...g4 11.Sh4 stört der Randspringer den schwarzen Plan, da das konkrete 11...Sxe4 12.Sxe4 Dxh4 13.d4 für Schwarz gefährlicher als für Weiß ist.

11.Sb3

Der Springer gibt das Feld d2 für seinen Kollegen von f3 frei; Weiß bereitet d3-d4 vor.

11...g4 12.Sfd2 Df6 13.d4

Ein Vorstoß am Flügel wird lehrbuchmäßig mit einem Gegenangriff im Zentrum beantwortet. Ähnlich wie gegen den „normalen" Angriff (siehe Kapitel 2.2) versucht Schwarz, dieses Herangehen mit aktivem Gegenspiel zu verhindern.

13...Sg5 14.b5

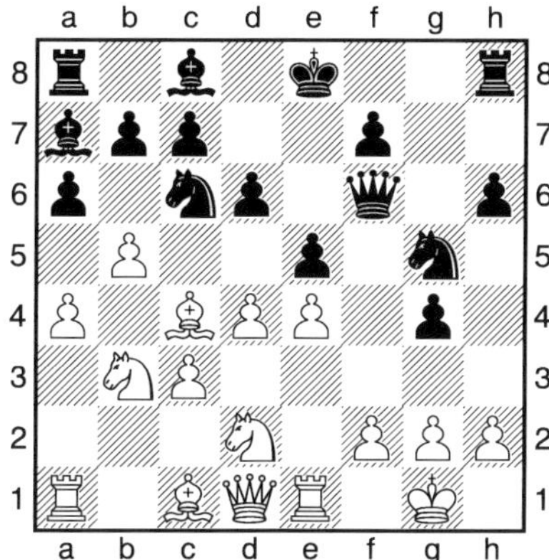

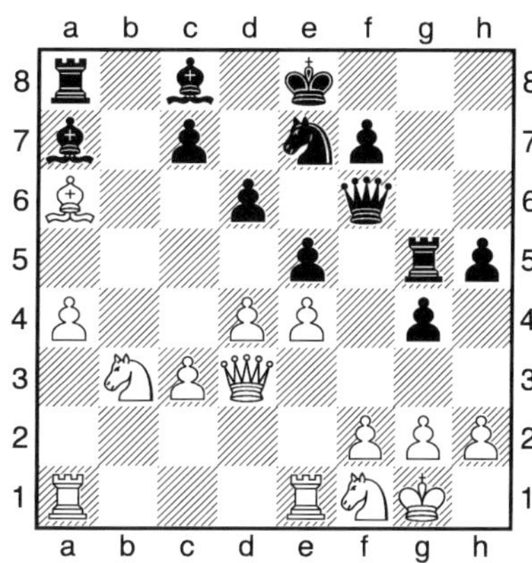

14...Se7 15.bxa6

Dank des stabilen weißen Zentrums nimmt der La7 nicht mehr am Angriff teil, so dass Weiß sich in Ruhe auf eigene Fortschritte konzentrieren kann.

15...bxa6 16.Sf1 h5 17.Dd3

Lxa6 wirkt zwar wie keine ernste Drohung, aber wenn sein König nicht mattgesetzt wird, steht Weiß angesichts des entstehenden entfernten Freibauern langfristig besser.

17...Tg8

Diese Fortsetzung ist zu langsam, da Weiß nun die gefährlichste schwarze Figur abtauschen kann.

Nach der Alternative 17...h4 18.Lxg5 Dxg5 19.Lxa6 h3 20.g3 Lxa6 21.Dxa6 spuckt der Computer die allseits bekannte Bewertung 0,00 aus, aber der Angriff ist fürs erste gestoppt, Weiß hat außer der Dominanz im Zentrum einen entfernten Freibauern, so dass seine Stellung zumindest aus menschlicher Perspektive angenehmer erscheint.

18.Lxg5 Txg5 19.Lxa6

19...Ld7

19...Lxa6 20.Dxa6 h4 21.Db7 Tb8 22.Dxa7 Txb3 23.Teb1 hilft auch nicht, denn der schwarze König wird als Erster mattgesetzt.

20.Lb7 Td8 21.Da6 Lb8 22.Se3

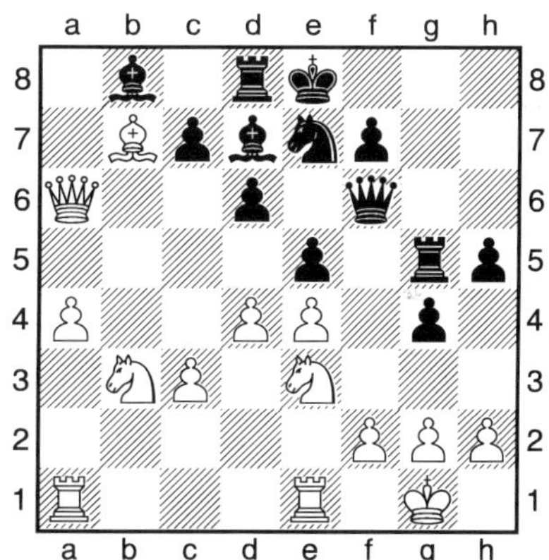

Hier wird klar ersichtlich: Weiß hat enorme Fortschritte gemacht, während die schwarzen Figuren schlecht stehen. Auch hat Schwarz in den letzten 10 Zügen keinen nennenswerten Fortschritt gemacht und mit dem Sg5 seinen gefährlichsten Angreifer verloren.

22...h4 23.Sc5 g3 24.fxg3 hxg3 25.Sxd7 Txd7 26.Tf1 Dh8 27.h3

Jetzt sollte klar sein, dass Weiß zusätzlich

zu seinem sicher stehenden König und der besseren Figurenstellung einen gesunden Mehrbauern hat und sich in Kürze durchsetzen wird.

27...exd4 28.Sd5 Sxd5 29.Lxd5 dxc3 30.Dc8+ Td8 31.Lxf7+ Ke7 32.De6+ 1–0

Fazit: Wie schon in der vorangegangenen Partie (mit vertauschten Farben) konnte Weiß einen Gegenangriff entwickeln, so dass das objektiv nicht ganz genaue Spiel zu Problemen für Schwarz geführt hat. Analog zu den a6-Systemen (mit Umsetzung der schwarzen Springer) hat Weiß mit Spiel im Zentrum und am Damenflügel dagegengehalten und konnte die Partie angesichts des geschwächten schwarzen Königs schnell gewinnen.

Während das weiße Spiel gegen die beiden erstgenannten schwarzen Pläne dem gegen die a6-Systeme ähnelte, wird im dritten Beispiel ein Plan gezeigt, gegen den Weiß analog zu den a5-Systeme vorgeht.

(14) Van Foreest, Lucas (2499)
Hakobyan, Aram (2565) [C54]
Saint Louis 2018

1.e4 e5 2.Sf3 Sc6 3.Lc4 Lc5 4.0–0 d6 5.c3 Sf6 6.d3 a6 7.a4 La7 8.Te1 0–0 9.h3 b5

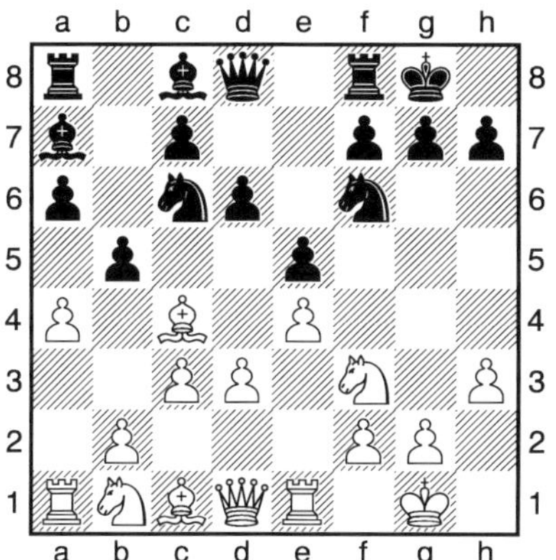

Nachdem Schwarz in den letzten beiden Beispielen versucht hat, seinen Angriff am Königsflügel auf unorthodoxe Weise durchzusetzen, ist der Zug 9...b5 eher mit den a5–Systemen zu vergleichen, in denen Schwarz den weißen Plan am Damenflügel zu verhindern trachtet. Auch die weißen Pläne ähneln eher denen aus diesem System: Weiß wird im Zentrum spielen und versuchen, einen Königsangriff aufzubauen.

10.La2

Da nach 10.axb5 axb5 die Fortsetzung Lxb5 natürlich nicht geht, hilft der Tausch eher Schwarz. Denn nach z.B. 11.La2 Se7 bereitet die Spannung auf der a-Linie auch dem Weißen Kopfschmerzen und außerdem wurde der potenziell rückständige Bauer a6 abgetauscht.

10...b4 11.d4 Tb8

Weiß zeigt sich unbeeindruckt vom schwarzen Plan und entwickelt seine Figuren auf harmonische Weise.

12.Le3 bxc3 13.bxc3 exd4 14.cxd4 Sb4

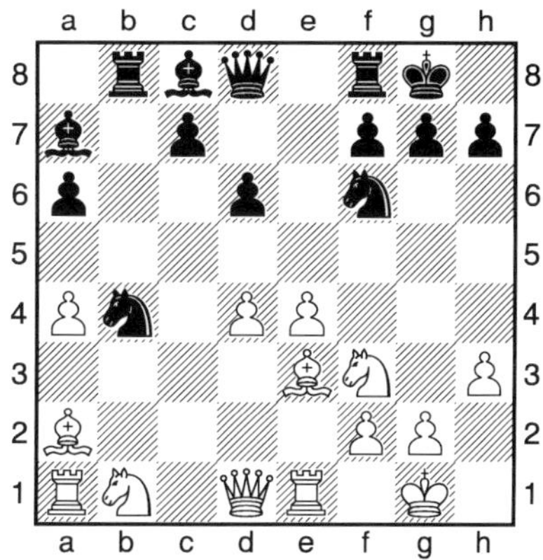

Schwarz bekommt das Läuferpaar, aber Weiß behält das Zentrum.

15.Sc3 Sxa2 16.Txa2 d5?

16...h6 wäre wichtig gewesen, um d5 vorzubereiten, aber auch hier behält Weiß das Zentrum und die angenehmere Stellung. 17.Dd3 d5 18.e5

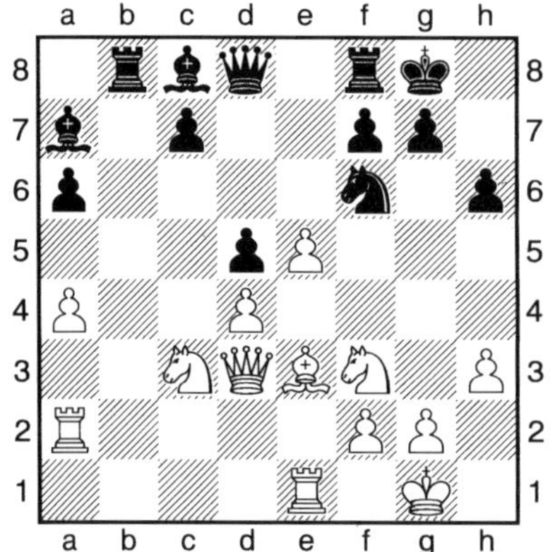

Dies wäre eine typische Stellung, in der Weiß einen Angriff aufbauen kann.

17.Lg5 dxe4 18.Sxe4 Dd5

Das führt zur Zerstörung der Struktur vor dem schwarzen König und der Angriff wird schnell gefährlich.

18...19.Sxf6+ gxf6 20.Lxf6 Dxa2 21.Dc1

Nach diesem netten Turmopfer bekommt Weiß ein klar besseres Endspiel, das Lucas van Foreest auch souverän verwerten konnte.

21...Db1 22.Dxb1 Txb1 23.Txb1 Lb6 24.Te1 a5 25.Te3 h6 26.Se5 Kh7 27.Sc6 Kg6 28.Tf3 Lf5 29.Le5 Ld7 30.Se7+ Kh7 31.Lf6 Te8 32.Tg3 h5 33.Tg7+ Kh6 34.Sg8+ Txg8 35.Txg8 Lxa4 36.f4 1–0

Fazit: Der Plan, mit b5 am Damenflügel Raum zu gewinnen, verschiebt die Stellungseinschätzung. Entsprechend spielt Weiß nicht mehr am Damenflügel, sondern am Königsflügel. In der Partie hat van Foreest gezeigt, wie b5–b4 als Zeitverlust gebrandmarkt und ausgenutzt werden kann.

Auf eine Zusammenfassung der weißen Pläne wird in diesem Kapitel verzichtet, da sich diese häufig überschneiden. Wichtig ist allein die Kenntnis, unter welchen Bedingungen welcher Plan anzuwenden ist. Dies wird anhand der Musterpartien gezeigt, welche gegen die weniger populären Aufbauten als Rahmen ausreichen sollten.

5. Fazit

In dieser Arbeit wurden allerlei aussagekräftige Beispiele zu den populären Systemen der modernen Italienischen Eröffnung vorgestellt und untersucht. Anhand dieser Beispiele wurden die weißen Pläne zusammengefasst, die sich im Prinzip in drei Kerngebiete gliedern lassen:

- Spiel am Damenflügel;
- Spiel im Zentrum;
- Spiel am Königsflügel.

Anhand der schwarzen Systeme wurden diese drei Spielweisen betrachtet und es wurde festgelegt, unter welchen Bedingungen Weiß sein Spiel in die ein oder andere Richtung lenken sollte. Diese Regeln besagen grundsätzlich:

- Spielt Schwarz mit a7-a6, ist der weiße Plan meist langfristiger Natur und basiert auf dem statischen Vorteil, dass Weiß über mehr Raum am Damenflügel verfügt. Schwarz wird unter Einsatz konkreter Maßnahmen versuchen, Gegenspiel am Königsflügel zu erlangen.
    - Tauscht Schwarz die weißfeldrigen Läufer ab, kann Weiß ohne Probleme am Damenflügel spielen, da der schwarze Angriff meist wenig verspricht.
    - Bleiben die weißfeldrigen Läufer auf dem Brett, sollte Weiß zuerst im Zentrum spielen, um die schwarzen Figuren einzuschränken, bevor er seinen langfristigen Vorteil am Damenflügel ausspielt.
- Versucht Schwarz hingegen, den weißen Aufmarsch mit a7-a5 zu verhindern, strebt Weiß Spiel gegen den schwarzen König an. Diesem Angriff geht meist Raumgewinn im Zentrum vorweg, um die Manövrierfähigkeit der weißen Angreifer zu vergrößern. In diesen Systemen ist das weiße Spiel meist konkreter als in den Systemen mit a7-a6.

Die dargelegten Grundregeln und die in den einzelnen Kapiteln veranschaulichten, konkreteren Konzepte betreffs der jeweiligen Pläne, dienen dem Zweck, dem Leser ein Gerüst an die Hand zu geben, die es ihm ermöglichen bzw. erleichtern, sich mit den aus der Italienischen Eröffnung entstehenden Mittelspielstellungen vertraut zu machen. Entsprechend sollte die Beherzigung des erlangten Wissens zu einer bedeutenden Abwandlung des einleitenden Zitats „... denn sie wissen nicht, was sie tun“ führen – und zwar zu „... denn sie wissen, was sie tun“.

6. Zusätzliche Partien

Partie 1

Carlsen, Magnus (2847)

Giri, Anish (2780) [C54]

chess24.com 2021

1.e4 e5 2.♘f3 ♘c6 3.♗c4 ♘f6 4.d3 ♗c5 5.0–0 d6 6.c3 0–0 7.♖e1 a6 8.a4 ♗a7 9.♘bd2 (9.h3) **9...♘g4 10.♖e2 ♔h8 11.b4 f5**

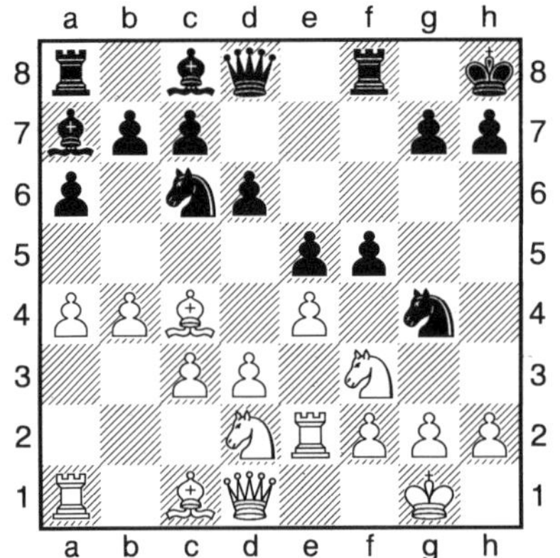

12.♗b3 ♗d7 13.♖a2 ♕e8 14.exf5 ♗xf5 15.♘f1 ♗e6 16.b5 ♗xb3 17.♕xb3 ♘e7 18.d4 ♘g6 19.c4 e4 20.♘g3 exf3 21.♖xe8 ♖axe8 22.♕d1 ♘h4 23.h3 fxg2 24.♖e2

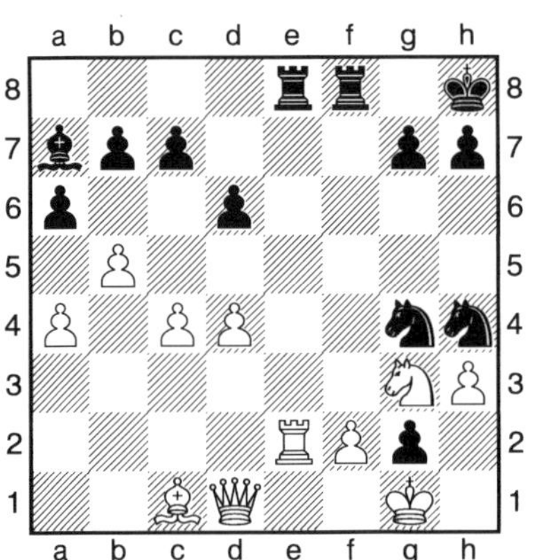

24...♖xe2

24...♘xf2 25.♖xe8 ♖xe8 26.♔xf2 ♗xd4+ –+

25.♕xe2 ♘xf2 26.♗e3 ♘xh3+ 27.♔h2 g1♕+ 28.♗xg1 ♘f3+ 29.♔h1 ♘hxg1 30.♕e7 ♖g8 31.♘f5 ♘xd4 32.♘h6 gxh6 33.♕f6+ ♖g7 34.♕f8+ ♖g8 35.♕f6+ ♖g7 36.♕f8+ ♖g8 37.♕f6+ ½–½

Partie 2

Giri, Anish (2797)

Karjakin, Sergey (2753) [C54]

Gashimov Memorial Shamkir 2019

1.e4 e5 2.♘f3 ♘c6 3.♗c4 ♗c5 4.c3 ♘f6 5.d3 d6 6.0–0 a6 7.a4 h6 8.♖e1 0–0 9.h3 a5 10.d4 ♗a7 11.♗b3 ♖e8 12.♗c2 ♗d7 13.♘a3 ♕c8 14.♘b5

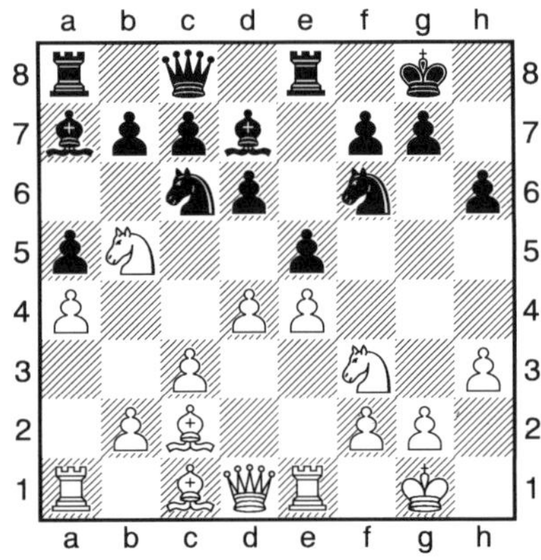

14...♗b6 15.♗b1 exd4 16.cxd4 ♘b4 17.♖a3 ♖e7 18.e5 dxe5 19.dxe5 ♘fd5

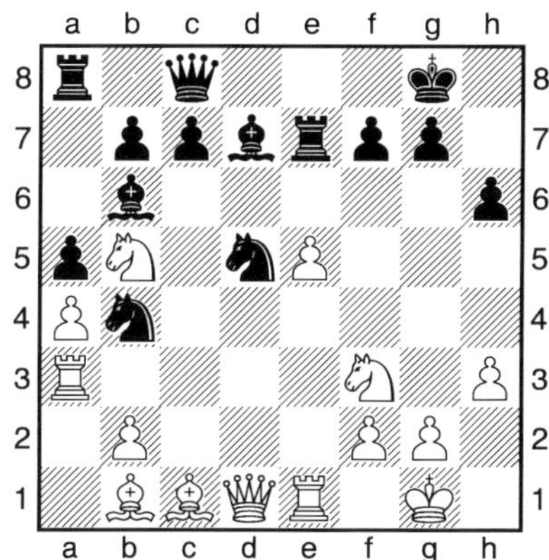

20.♘h4

20.♗xh6 gxh6 21.♘h4±

20...♕e8 21.♕e2?

21.♕h5 ♘f6 22.♕e2±

21...♘c6 22.♘f3 ♖d8 23.♔h2 f5 24.g4 fxg4 25.♕d3 g6 26.♕xd5+ ♗e6 27.♕e4 gxf3 28.♖g1 ♗f7 29.♗a2 ♗xa2 30.♖xg6+ ♕xg6 31.♕xg6+ ♖g7 32.♕xg7+ ♔xg7 33.♖xa2 ♖d1 34.♖a1 ♔f7 0–1

Partie 3

Karjakin, Sergey (2752)

Kovalev, Vladislav (2648) [C54]

Chess.com INT 2020

1.e4 e5 2.♘f3 ♘c6 3.♗c4 ♗c5 4.c3 ♘f6 5.d3 a6 6.0–0 d6 7.a4 ♗a7 8.♘bd2 h6 9.♖e1 0–0 10.h3 ♗e6 11.♗xe6 fxe6 12.b4 ♘e7 13.♘f1 ♘g6 14.♗e3 ♗xe3 15.♖xe3 a5 16.♕b3 ♕e7 17.d4

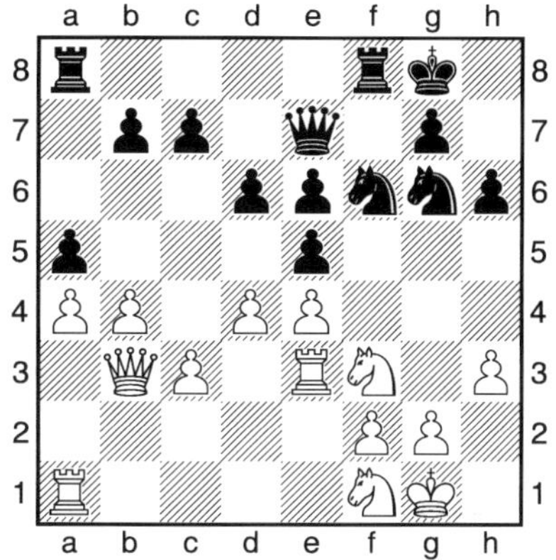

17...axb4 18.♕xb4

18.dxe5 ♘xe5 19.♘xe5 dxe5 20.cxb4±

18...exd4 19.cxd4 b6 20.♘g3 ♖a5 21.♕c4 ♘f4 22.♕c6 ♘e8 23.♖c1 ♖f7 24.♘e2 ♘xe2+ 25.♖xe2 ♕d7 26.e5 d5 27.♖a2 ♖e7 28.♕xd7 ♖xd7 29.♘d2 ♖d8 30.♘b3 ♖a6 31.a5 ♖da8 32.♖ca1 ♔f7

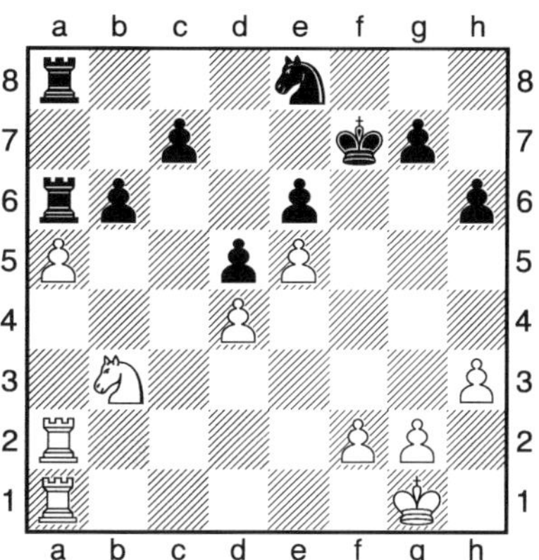

33.axb6 ♖xa2 34.♖xa2 ♖b8 35.bxc7 ♘xc7 36.♘c5 ♖b1+ 37.♔h2 ♔e7 38.♖a7 ♔d8 39.f4 ♖d1 40.♔g3 ♖d2 41.♔f3 g5 42.g3 gxf4 43.gxf4 ♖h2 44.♔g4 ♖d2 45.♔h5 ♖h2 46.h4 ♖h1 47.♖b7 ♖h2 48.♖b6 ♔e7 49.♖c6 ♘e8 50.♖xe6+ ♔f7 51.♖xh6 ♘g7+ 52.♔g4 ♖g2+ 53.♔f3 ♖g1 54.♖f6+ ♔g8 55.♘e6 ♘h5 56.♖f8+ ♔h7 57.f5 ♖f1+ 58.♔g4 ♖g1+ 59.♔xh5 ♖g5+ 60.♘xg5+ 1–0

Partie 4

Carlsen, Magnus (2863)

Tang, Andrew (2538) [C54]

Lichess.org INT 2020

1.e4 e5 2.♘f3 ♘c6 3.♗c4 ♗c5 4.d3 ♘f6 5.0–0 a6 6.c3 ♗a7 7.a4 d6 8.h3 0–0 9.♖e1 ♗e6 10.♘bd2 h6 11.b4 ♘h5 12.♖a2 ♕f6 13.♘f1 ♘f4 14.♗xe6 fxe6 15.♗xf4! ♕xf4

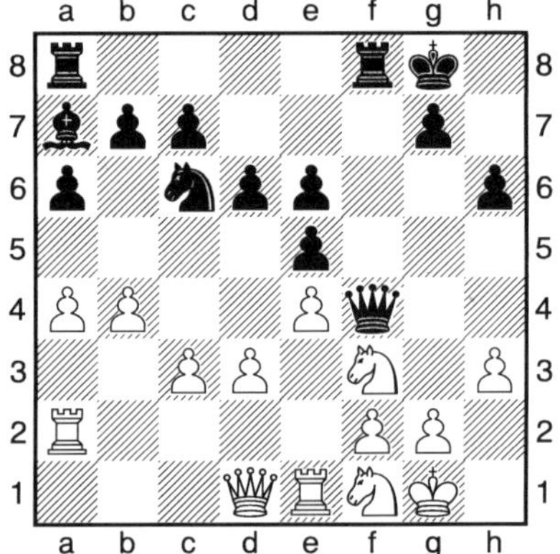

16.b5 axb5? 17.axb5 ♘e7 18.♕a1 ♘c8

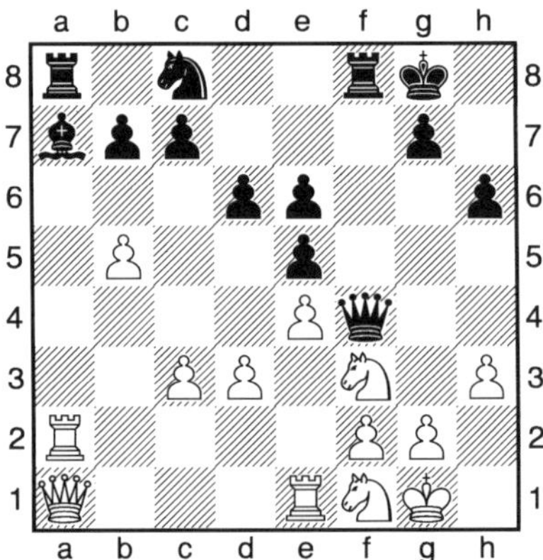

19.b6 cxb6 20.♕b2 b5 21.♖ea1 ♕f7 22.♕xb5 ♕c7 23.♕b3 ♕d7 24.♘g3 b5 25.d4 exd4 26.cxd4 ♔h7 27.♔h1 ♘e7 28.e5 d5 29.♘h4 g6 30.♕d3 b4 31.♖a6 ♖fb8 32.♕f3 ♖f8 33.♕g4 b3 34.♖xe6 b2 35.♖b1 ♗xd4 36.♖xe7+ ♕xe7 37.♕xd4

♖ab8 38.♘f3 ♕a3 39.♕xd5 ♕a1 40.♘d2 ♖fd8 41.♕f7+ ♔h8 42.♘ge4 1–0

Partie 5

Giri, Anish (2764)

Petrosyan, Manuel (2607) [C54]

Lichess.org INT 2020

1.e4 e5 2.♘f3 ♘c6 3.♗c4 ♘f6 4.d3 ♗c5 5.0–0 d6 6.c3 a6 7.a4 ♗a7 8.♘bd2 0–0 9.h3 h6 10.♖e1 ♖e8 11.b4 ♗e6 12.♗xe6 ♖xe6 13.♗b2 ♘e7 14.♘f1 ♘g6 15.c4 c5 16.b5

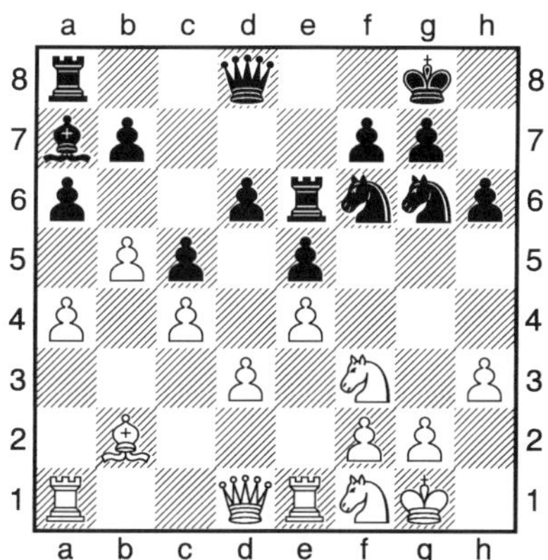

16...♗b6 17.♘e3 ♘f4 18.♔h2 ♖e8 19.g3 ♘e6 20.♘f5 ♔h7 21.♖f1 g6 22.♘e3 ♗a5 23.♘h4 ♘h5 24.♘hg2 ♘d4 25.♘d5 ♘f6 26.♘ge3 ♘xd5 27.♘xd5 f5 28.♗xd4 cxd4 29.exf5 gxf5 30.bxa6 bxa6 31.♖b1 ♖a7 32.f4 ♖f8

33.fxe5 dxe5 34.♖b2 ♖g7 35.♕f3 ♕g5 36.g4 ♗d2 37.gxf5 ♗f4+ 38.♘xf4 ♕xf5 39.♘e6 ♕xe6 40.♕xf8 1–0

Partie 6

So, Wesley (2770)

Carlsen, Magnus (2863) [C54]

chess24.com INT 2020

1.e4 e5 2.♘f3 ♘c6 3.♗c4 ♗c5 4.c3 ♘f6 5.d3 d6 6.0–0 h6 7.♖e1 a6 8.a4 0–0 9.h3 ♖e8 10.♘bd2 ♗a7 11.b4 ♗e6 12.♗xe6 ♖xe6 13.♗b2 ♘e7 14.d4 ♘g6 15.c4

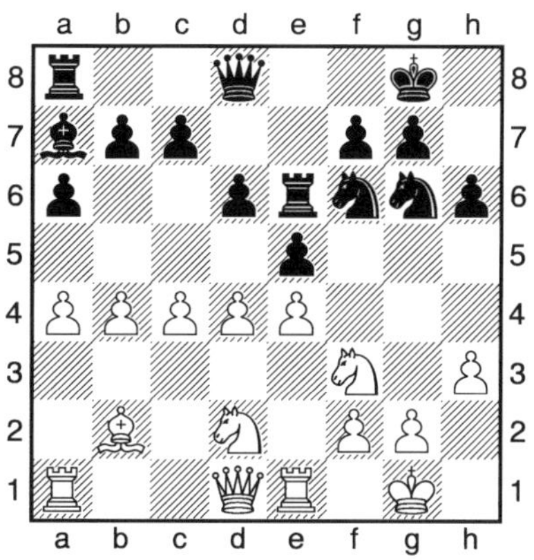

15...a5 16.b5 exd4 17.♘xd4 ♖e8 18.♖a3! ♗xd4 19.♗xd4 ♖e6 20.♖ae3

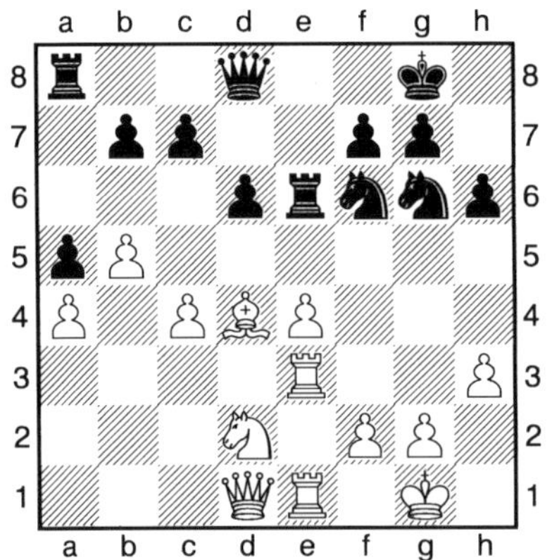

20...b6 21.g3 ♘d7 22.f4 ♖e8 23.♕g4 ♘c5 24.♘f3 ♕d7 25.♗xc5 ♕xg4 26.hxg4 dxc5 27.♖d1 ♖ad8 28.♖d5 ♘e7 29.♖dd3 f6 30.e5 f5 31.g5 ♘g6 32.gxh6 gxh6 33.♔f2 ♔f7 34.♔e2 h5 35.♖d5 ♖xd5 36.cxd5 ♖d8 37.♖d3 ♘e7 38.♘g5+ ♔g6 39.d6 cxd6 40.♖xd6+ 1–0

Partie 7
Giri, Anish (2774)
Nakamura, Hikaru (2736) [C54]

Chess.com INT 2021

1.e4 e5 2.♘f3 ♘c6 3.♗c4 ♗c5 4.0–0 ♘f6 5.d3 h6 6.c3 0–0 7.b4 ♗b6 8.a4 a6 9.♖e1 d6 10.h3 ♖e8 11.♘bd2 ♘e7 12.d4 ♘g6 13.♗f1 ♗a7 14.♕c2 ♗d7 15.a5

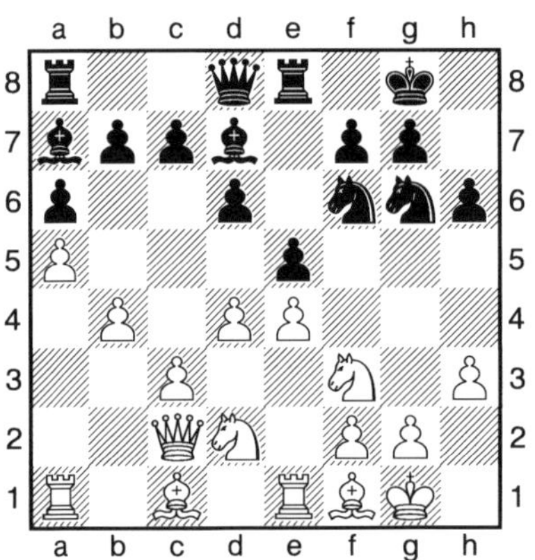

15...♗c6 16.♗b2 ♕e7 17.c4 ♗d7 18.dxe5 dxe5 19.c5

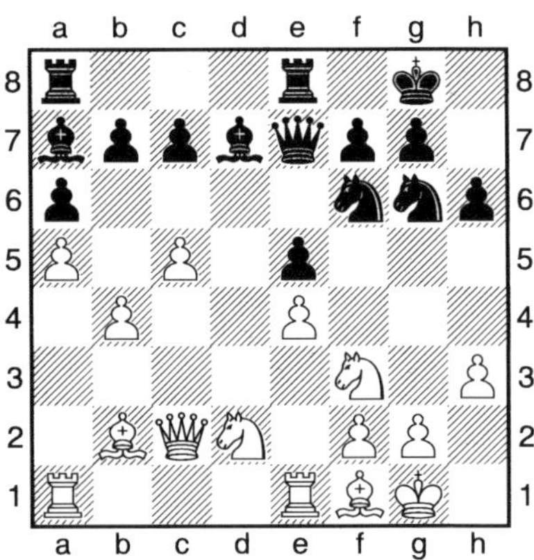

19...♘h7 20.♘c4 f6 21.♘e3 ♗e6 22.h4 ♕f7 23.g3 ♘e7 24.♖ad1 ♖ad8 25.♖xd8 ♖xd8 26.♖d1 ♕e8 27.♖xd8 ♕xd8 28.♗c4 ♕d7 29.♗xe5

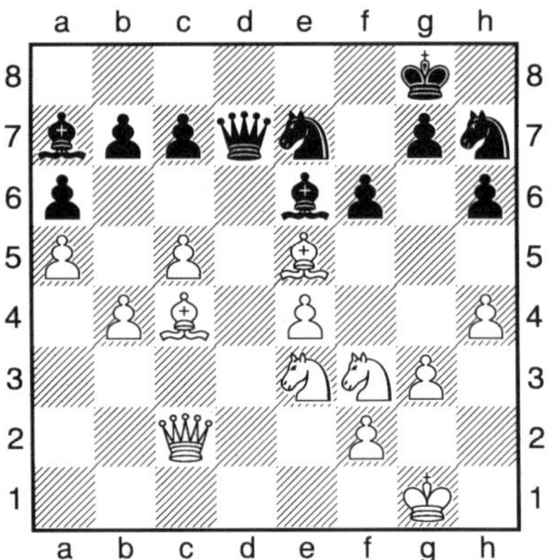

29...fxe5 30.♘xe5 ♕c8 31.♘d5 ♔f8 32.♘f4 ♗g8 1–0

Partie 8

Giri, Anish (2774)

Nakamura, Hikaru (2736) [C54]

Chess.com INT 2021

1.e4 e5 2.♘f3 ♘c6 3.♗c4 ♗c5 4.0–0 ♘f6 5.d3 h6 6.c3 d6 7.♖e1 0–0 8.♘bd2 a5 9.♘f1 ♘e7 10.♘g3 ♗b6 11.h3 ♘g6 12.d4 ♗e6 13.♗xe6 fxe6 14.dxe5 dxe5 15.♗e3 ♗xe3 16.♖xe3 ♕e7 17.a4 ♘d7 18.♕c2 ♘b6 19.b3 ♖ad8 20.♘f1 ♖d6 21.g3 ♖fd8 22.♔g2

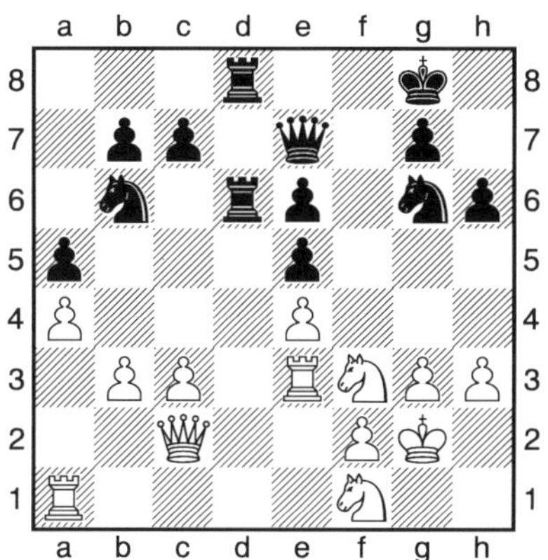

22...♕f6 23.♘1h2 ♘d7 24.b4 ♖a8 25.♖b1 b6 26.♘g4 ♕e7 27.h4± h5 28.♘gh2 ♘f6 29.bxa5 ♖xa5 30.♖b5 ♖xb5 31.axb5 ♘d7 32.♕e2 ♘c5 33.♘g5 ♕e8 34.c4 ♘f8 35.♖a3 ♖d8 36.♖a7 ♖d7 37.♘hf3 ♘g6 38.♘e1 ♘b3 39.♘ef3 (39.♕xh5+-) **39...♘d4 40.♘xd4 exd4 41.♖a3 ♘f8 42.e5 ♖d8 43.♖d3 ♕g6 44.♕e4??± ♕xe4+ 45.♘xe4 ♘g6 46.f4 ♔f7 47.♘g5+ ♔e7 48.♘f3 ♔f7 49.♖xd4 ♖xd4 50.♘xd4 ♘e7 51.♔f3 g6 52.g4 ♘g8 53.gxh5 gxh5 54.♔e4 ♘h6 55.f5 exf5+ 56.♘xf5 ♘g4 57.♔d5 ♔g6 58.♘e7+ ♔f7 59.♘f5 ♔g6 60.♘d4 ♘e3+ 61.♔c6 ♘xc4 62.e6 ♔f6 63.♔xc7 ♔e7 64.♔c6 ♔f6 65.♔d7 ♘e5+ 66.♔d8 ♘g6 67.♔c7 ♘xh4 68.♔xb6 ♘g6 69.♔c5 h4 70.♘f3 h3 71.b6 ♘e5 72.b7 ♔xe6 73.b8♕ ♘d7+ 74.♔d4 ♘xb8 75.♘g5+ ♔f5 76.♘xh3 ½–½**

Partie 9

Giri, Anish (2768)

Kovalev, Vladislav (2660) [C54]

Wijk aan Zee 2020

1.e4 e5 2.♘f3 ♘c6 3.♗c4 ♗c5 4.c3 ♘f6 5.d3 d6 6.♗g5 h6 7.♗h4 a6 8.♘bd2 ♗a7 9.0–0 0–0 10.a4 g5 11.♗g3 ♔g7 12.♖e1 ♘h7 13.b4 h5 14.h3 h4 15.♗h2 g4

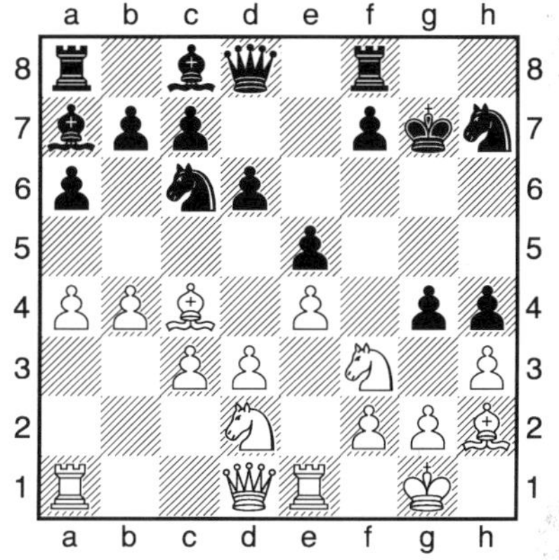

16.hxg4 ♗xg4 17.b5 ♘e7 18.d4 ♘g6 19.bxa6 bxa6 20.♘f1 exd4 21.cxd4 ♗xf3 22.gxf3 f5 23.♘e3 fxe4 24.fxe4 ♕g5+ 25.♔h1± ♖xf2 26.♘f5+?! (26.♖a2!) **26...♔h8 27.♖g1 ♖xh2+ 28.♔xh2∞ ♕f4+ 29.♔h3 ♘g5+ 30.♖xg5 ♕xg5 31.♕g1 ♘f4+ 32.♔h2 ♕xg1+ 33.♖xg1 d5 34.♗xd5 ♘xd5 35.exd5 ♖e8**

35...♖g8 36.♖xg8+ ♔xg8=

36.♔h3 ♗b6? 37.♔xh4+– ♖d8 38.♖g5 ♔h7 39.♖h5+ ♔g6 40.♘e7+ ♔f6 41.♘c6 ♖e8 42.♖e5 ♖h8+ 43.♔g4 a5 44.♖f5+ ♔g6 45.♘e5+ ♔g7 46.♖g5+ ♔h7

47.♖h5+ ♔g7 48.♖xh8 ♔xh8 49.♘c4 ♔g7 50.♔f5 ♔f7 51.d6 1–0

Partie 10

Giri, Anish (2779)

So, Wesley (2754) [C54]

Zagreb 2019

1.e4 e5 2.♘f3 ♘c6 3.♗c4 ♗c5 4.0–0 ♘f6 5.d3 0–0 6.h3 d6 7.c3 a6 8.♖e1 h6 9.♘bd2 ♗a7 10.a4 ♖e8 11.b4 ♗e6 12.♗xe6 ♖xe6 13.♗b2 b5

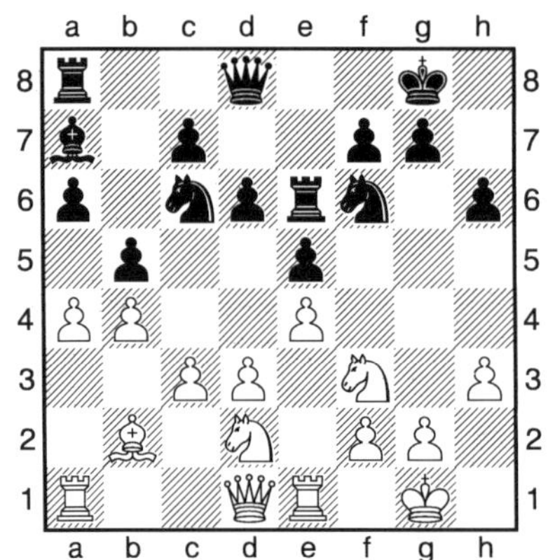

14.d4 ♖e8 15.axb5 axb5 16.♕e2 exd4 17.♕xb5 dxc3 18.♗xc3 ♘e5 19.♕b7?!

19.♘xe5 dxe5 20.♘f3±

19...♗b6= 20.♗xe5 dxe5 21.♖xa8 ♕xa8 22.♕xa8 ♖xa8 23.♘xe5 ♗d4 24.♘c6 ♗c3 25.♖d1 ♗xd2 26.♖xd2 ♘xe4 27.♖e2 ♘d6 28.♖c2 ♖a1+ 29.♔h2 ♔f8 30.♘e5 ♖a7 31.♘c6 ♖a1 32.♘e5 ♖a7 33.♘c6 ♖a1 ½–½

Partie 11

Giri, Anish (2797)

Mamedyarov, Shakhriyar (2790) [C54]

Gashimov Memorial Shamkir 2019

1.e4 e5 2.♘f3 ♘c6 3.♗c4 ♗c5 4.c3 ♘f6 5.d3 d6 6.0–0 a6 7.a4 ♗a7 8.♖e1 ♘g4 9.♖f1 ♘f6 10.♘bd2 ♘e7 11.♖e1 ♘g6 12.♘f1 0–0 13.♘g3 c6 14.♗b3 ♖e8 15.h3 d5 16.♗g5 ♗e6 17.d4

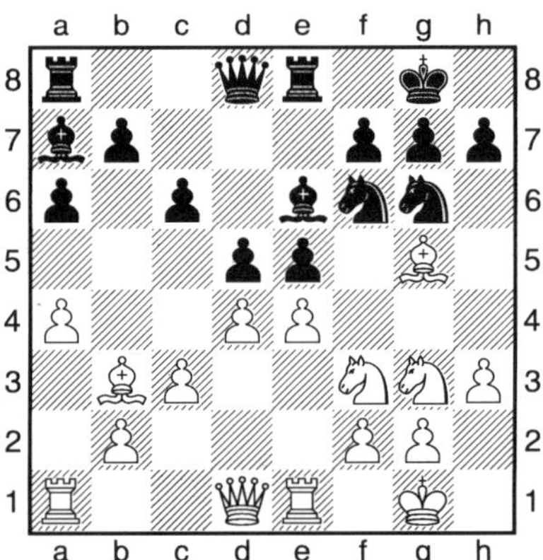

17...exd4 18.exd5 cxd5 19.♘xd4 (19.♘h5!±) **19...h6 20.♗e3 ♗d7 21.♘df5 ♗xe3 22.♘xe3 ♗e6 23.a5± ♕c7 24.♕d4 ♘e7 25.♗a4 ♗d7 26.♗c2 ♖ad8 27.♕h4 ♗e6 28.♗f5 ♕d7 29.♗xe6 fxe6 30.♘g4 ♘xg4 31.♕xg4 ♘c6 32.♘h5 ♔h7 33.♘f4 e5 34.♕xd7 ♖xd7 35.♖ad1 d4 36.cxd4 ♘xd4 37.♔f1 ♖dd8 38.♘d3 ♘b3 39.f3 ♖d5 40.♘f2 ♖xa5 41.♖d7 ♘c5 42.♖d5 ♘b3 ½–½**

Partie 12

Kramnik, Vladimir (2753)

So, Wesley (2770) [C54]

Paris Blitz 2021

1.e4 e5 2.♘f3 ♘c6 3.♗c4 ♘f6 4.d3 ♗c5 5.0–0 d6 6.c3 h6 7.♖e1 a6 8.a4 ♗a7 9.♘bd2 g5 10.b4 ♘h7 11.♔h1 0–0 12.b5 ♘a5

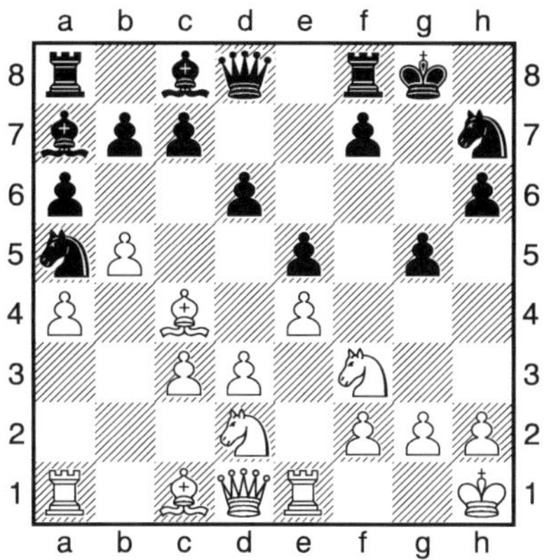

13.d4? g4 14.♘g1 exd4 15.♗b2 ♘xc4 16.♘xc4

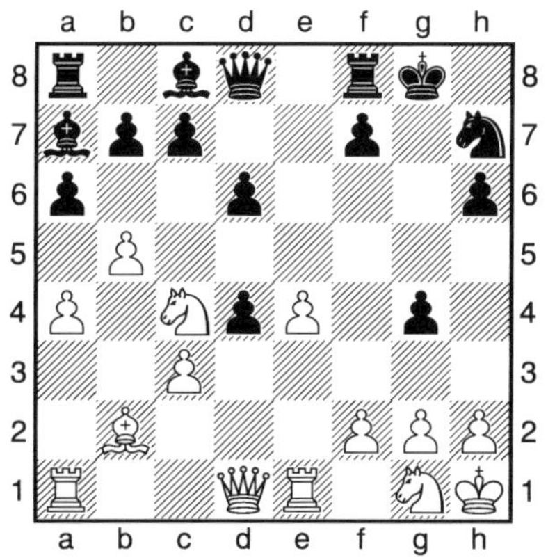

16...♗e6?∓

16...dxc3 17.♗xc3 ♗xf2∓

17.b6 cxb6 18.♘d2 dxc3 19.♗xc3 b5 20.f4 gxf3 21.♘dxf3 ♖c8 22.♕d2 bxa4 23.♖xa4 ♘g5 24.♗a1 ♔h7 25.♘d4 ♗d7 26.♖a3 ♖e8 27.♖g3 ♖g8 28.♕d3 ♖g6 29.♘gf3 ♘xf3 30.♖xf3 ♗e8 31.♖ef1 ♖c7 32.♕d2 ♕g5 33.♕f2 ♖c1 34.♗b2 ♖xf1+ 35.♕xf1 ♕e7 36.♘f5 ♕xe4 37.♘xd6 ♖xd6 38.♖xf7+ ♔g6 39.h3 ♗xf7 0–1

Partie 13

Melia, Salome (2394)

Stefanova, Antoaneta (2512) [C54]

Teheran 2017

1.e4 e5 2.♘f3 ♘c6 3.♗c4 ♗c5 4.0–0 ♘f6 5.d3 d6 6.c3 h6 7.h3 0–0 8.♖e1 a5 9.d4 ♗a7 10.♗b3 ♖e8 11.♗c2 b5!?

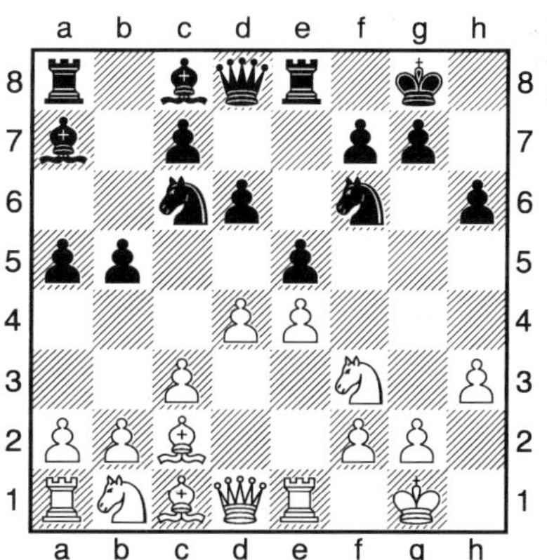

12.♗e3 exd4 13.cxd4 ♘b4 14.♘bd2 ♘xc2 15.♕xc2 ♗b7 16.d5! ♗b6 17.♗xb6 cxb6 18.♘d4 b4 19.♘f5 ♗c8 20.♘d4 ♘h5

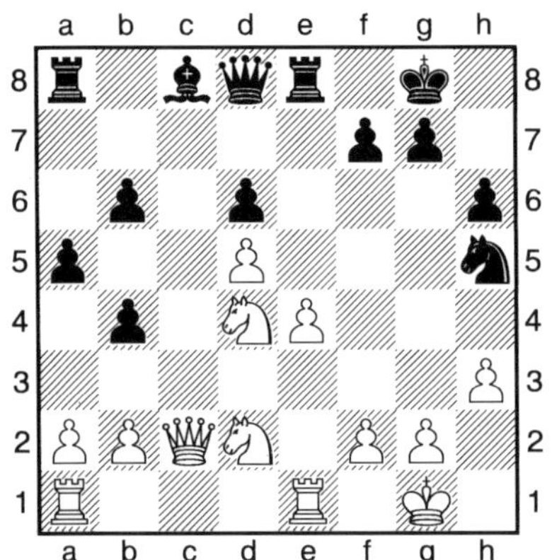

21.♘f1 (21.♘c4!±) **21...♕f6 22.♕d2 ♘f4 23.♘g3 h5 24.♘de2 ♘xe2+ 25.♖xe2 h4 26.♘f1 ♕g6 27.♖e3 ♗a6 28.♕d4 ♖ac8 29.♕xb6 ♗xf1 30.♖xf1 ♖c2 31.♕xa5 ♖xb2 32.♖fe1 ♖c8 33.♖f3 ♕g5 34.♕a7 f6 35.♕d7 ♖c1 36.♖xc1 ♕xc1+ 37.♔h2 ♖b1 38.♕e8+ ♔h7 39.♕h5+ ♔g8 40.♕e8+ ♔h7 41.♕h5+ ♔g8 42.♕e8+ ½–½**

Partie 14

Anand, Viswanathan (2773)

Vidit, Santosh Gujrathi (2702) [C54]

Tata Steel India Blitz 2018

1.e4 e5 2.♘f3 ♘c6 3.♗c4 ♗c5 4.0–0 ♘f6 5.d3 0–0 6.h3 d6 7.c3 a5 8.♖e1 h6 9.♘bd2 ♗e6 10.♗b5 ♕b8 11.♗xc6 bxc6 12.d4 exd4 13.cxd4 ♗b6 14.♘f1 a4 15.♘g3 ♗a5 16.♖e3 ♕b5 17.♘h4 ♖fe8 18.♖f3

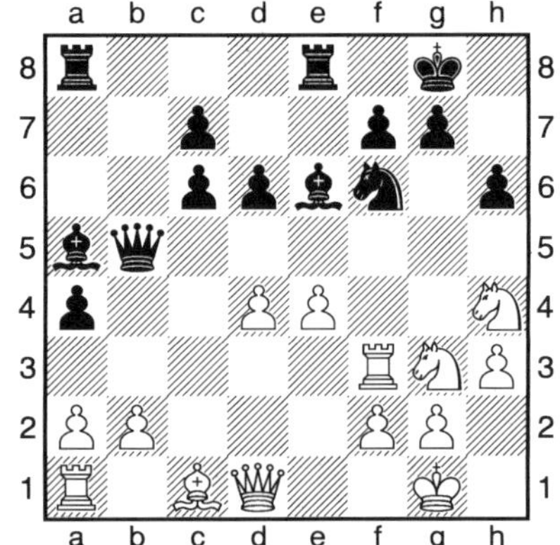

18...♘h7 19.♘hf5 ♔h8 20.♘h5

20.♘xh6!! gxh6 21.d5± cxd5 22.♕d4+ f6 23.♖xf6

20...♗xf5 21.♖xf5 ♕c4 22.♘g3 f6 23.♗e3 ♗b6 24.h4 ♖e7 25.a3 ♕e6 26.d5+–

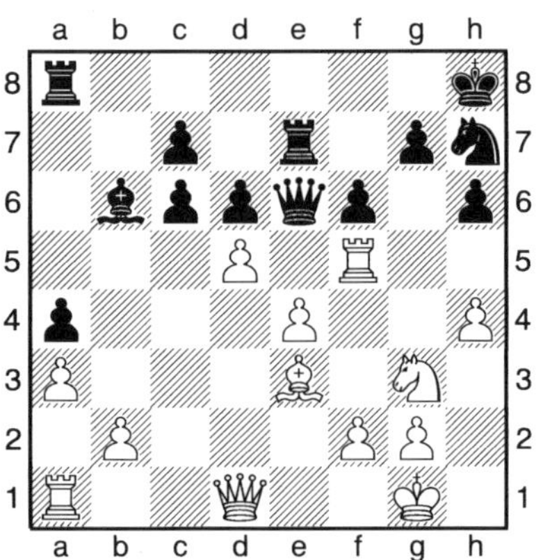

26...cxd5 27.♗xb6 cxb6 28.♖xd5 ♖d7 29.♖c1 ♘f8 30.♖c6 ♘g6 31.h5 ♘f4 32.♖f5 g5 33.hxg6 ♘xg6 34.♕d2 ♘e5 35.♖c3 ♖h7 36.♖h5 ♖c8 37.♕xd6 ♕xd6 38.♖xc8+ ♔g7 39.♘f5+ ♔g6 40.♖xh6+ ♖xh6 41.♘xd6 ♔g5 42.g3 ♔g4 43.♔g2 ♖h7 44.♖g8+ ♔h5 45.♘f5 ♖c7 46.f3 ♘g6 47.g4+ ♔g5 48.♔g3 ♖c3 49.bxc3 1–0

Partie 15

Pichot, Alan (2630)

Shankland, Samuel (2691) [C54]

Online chess24.com INT 2020

1.e4 e5 2.♘f3 ♘c6 3.♗c4 ♘f6 4.d3 ♗c5 5.0–0 0–0 6.♘bd2 d6 7.c3 a5 8.h3 h6 9.♖e1 ♗e6 10.♗b5 ♘e7 11.♘f1 ♘g6 12.♘g3 c6 13.♗a4 ♗b6 14.d4 ♖e8 15.♗c2 ♕c7 16.♗e3 ♖ad8 17.♕c1 d5

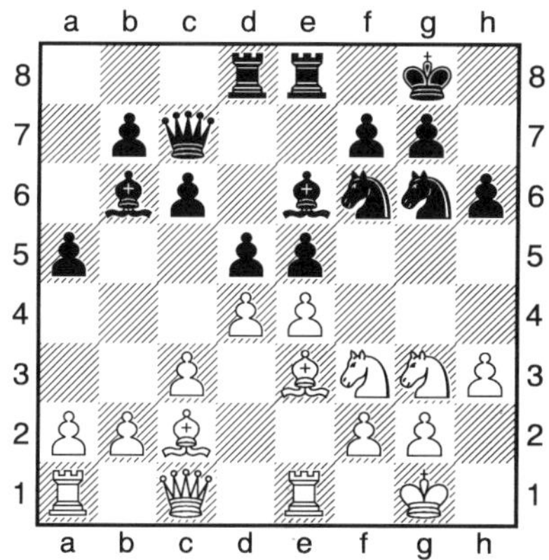

18.dxe5

18.♘xe5 ♘xe5 19.dxe5 ♘xe4 20.♗xb6 ♕xb6 21.♗xe4 dxe4 22.♘xe4±

18...♗xe3 19.♕xe3 ♘xe5? (19...♘d7∞) **20.♘xe5 ♕xe5 21.f4 ♕c7 22.e5±**

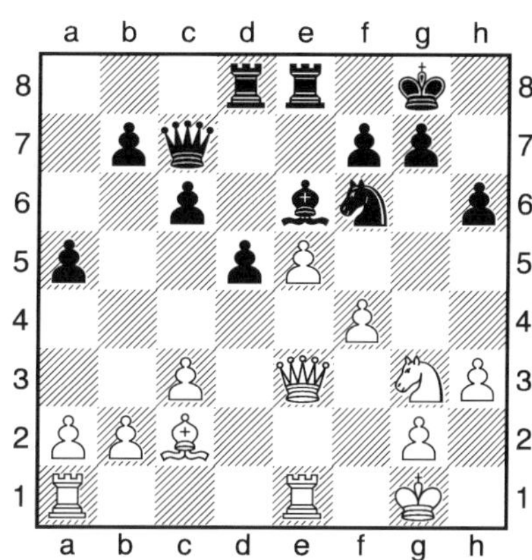

22...d4 23.cxd4 ♘d5 24.♕e4 ♔f8 25.♖ad1 ♕b6 26.f5 ♗c8 27.♘h5 ♕xb2 28.♘xg7 ♘c3 29.♕h4 ♘xd1 30.♘xe8 ♕xd4+ 31.♕xd4 ♖xd4 32.♘d6 ♘c3 33.♘xc8 ♘xa2 34.e6 c5 35.e7+ ♔e8 36.♗a4+ 1–0

Partie 16

Antal, Jozef (2338)

Polakovic, Pavol (2421) [C54]

ICCF email 2020

1.e4 e5 2.♘f3 ♘c6 3.♗c4 ♗c5 4.c3 ♘f6 5.d3 d6 6.0–0 a6 7.a4 0–0 8.h3 h6 9.♖e1 ♗a7 10.♘bd2 ♖e8 11.♘f1 ♗e6 12.♗xe6 ♖xe6 13.b4 d5 14.♕c2 ♕d7 15.♗e3 ♗xe3 16.♘xe3 ♘e7 17.a5 ♖c8 18.c4

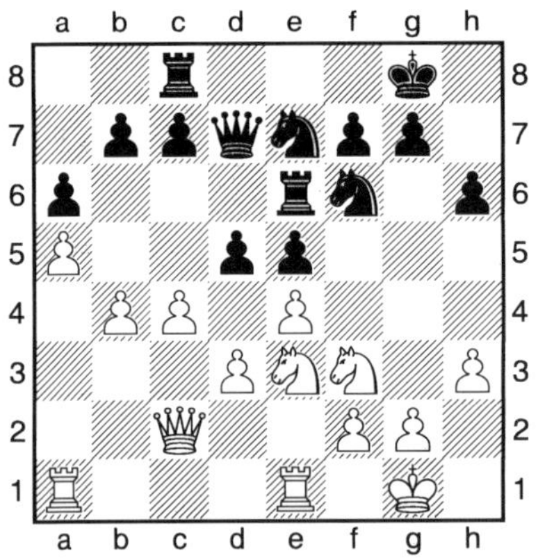

18...d4 19.♘d5 ♘g6 20.♕a4 ♕d8 21.g3 ♘d7 22.c5 ♘b8 23.♔g2 ♘e7 24.♕b3 ♕d7 25.♘xe7+ ♕xe7 26.h4=

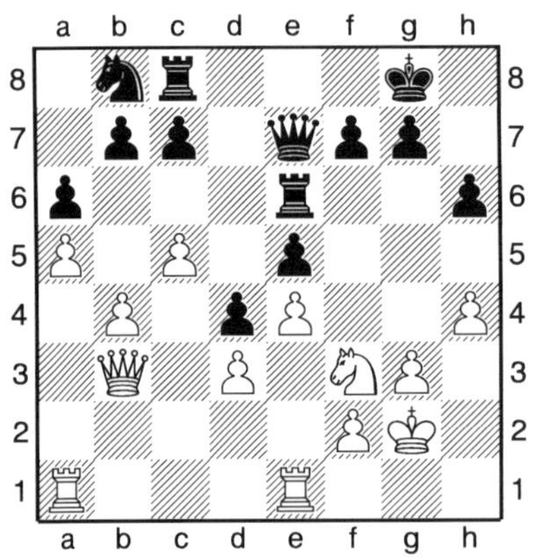

½–½

Partie 17

Melkumyan, Hrant (2633)

Fodor, Tamas Jr (2494) [C54]

London 2016

1.e4 e5 2.♘f3 ♘c6 3.♗c4 ♗c5 4.c3 ♘f6 5.d3 d6 6.0–0 h6 7.♘bd2 0–0 8.♖e1 a6 9.a4 ♗a7 10.h3 ♘e7 11.d4 ♘g6 12.♗f1 c6 13.a5 ♖e8 14.♖a4

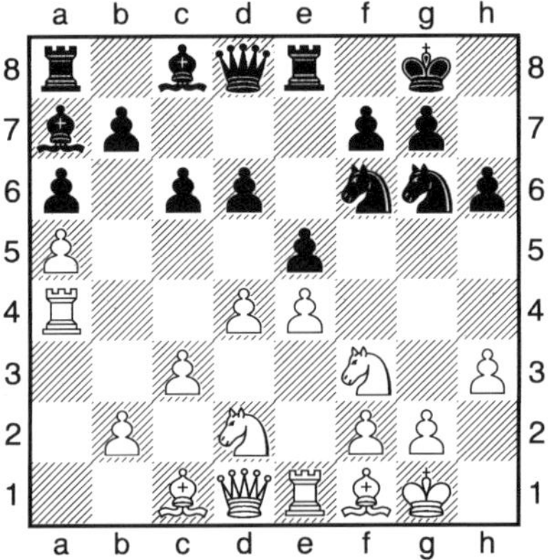

14...♕c7 15.dxe5 dxe5 16.♘c4 ♗e6 17.♕c2 ♗xc4?!± (17...♖ad8±) **18.♗xc4 ♘d7 19.♖a1 ♘c5 20.g3 ♘e6 21.♔g2 ♖ad8 22.♕e2 ♖d7 23.h4 ♘gf8 24.h5 ♘h7 25.♘h4 ♕d8 26.♘f5 ♕f6 27.♕g4**

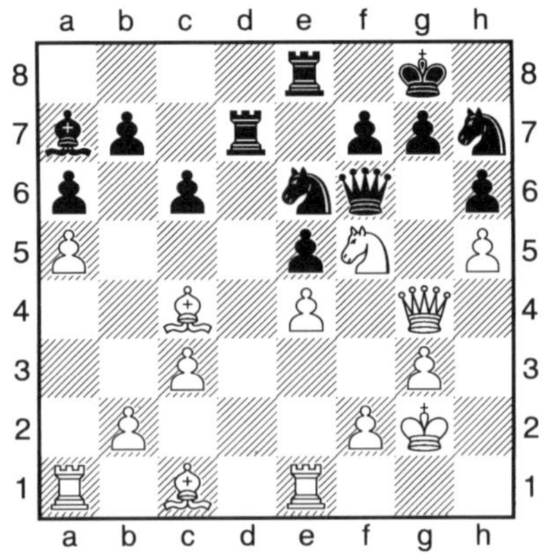

27...♔h8 28.♗e3?

28.♖f1 ♕d8 29.♗e3 ♗xe3 30.♗xe6 fxe6 31.♘xe3±

28...♗xe3 29.♖xe3 ♕g5 30.♕xg5 ♘exg5 31.f3 ♘f6 32.♖h1 ♖ed8 33.♖e2 ♖d1 34.♖xd1 ♖xd1 35.♘e3 ♖a1? (35...♖d7±) **36.♖d2! ♖xa5 37.♖d8+ ♔h7 38.♘c2 ♖c5 39.♘e3±**

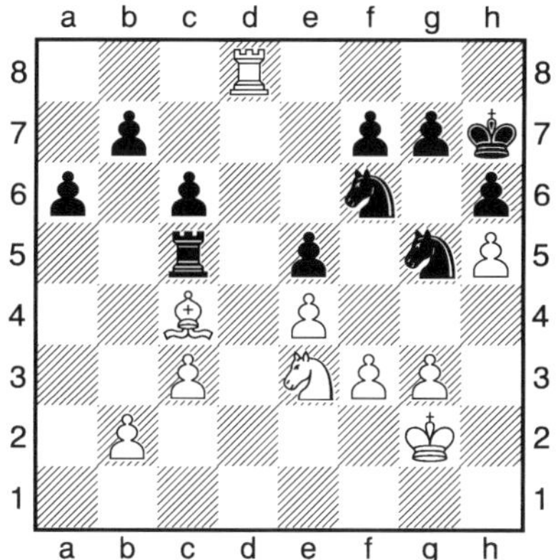

39...♖a5 40.♘c2 ♖c5 41.♘a3 ♖a5 42.♖c8 ♘xh5 43.♖c7 b5 44.♗b3 ♘f6 45.♖xc6 ♘e6 46.♘c2 h5 47.♘b4 ♖a1 48.♖xa6 ♖e1 49.♗xe6 fxe6 50.♖xe6 ♖e2+ 51.♔f1 ♖xb2 52.♖xe5 ♖b1+ 53.♔e2 ♖g1 54.♘d5 ♖g2+ 55.♔f1 ♖xg3 56.♘xf6+ gxf6 57.♖xh5+ ♔g6 58.♖f5 ♖h3 59.♔g2 ♖h8 60.♖xb5 ♖c8 61.♖b3 ♔g5 62.♔f2 ♔h4 63.♔e3 ♔g3 64.f4 ♔g4 65.f5 ♖c6 66.♔d4 ♔f4 67.♖b5 ♖a6 68.c4 ♖a1 69.♖b6 ♖d1+ 70.♔c5 ♔xe4 71.♖xf6 ♔e5 72.♖f8 1–0

Partie 18

Nyzhnyk, Illya (2687)

Ganguly, Surya (2589) [C54]

Saint Louis 2022

1.e4 e5 2.♘f3 ♘c6 3.♗c4 ♗c5 4.c3 ♘f6 5.d3 d6 6.♘bd2 0–0 7.h3 a6 8.a4 ♗a7 9.0–0 ♘e7 10.♖e1 ♘g6 11.♘f1 ♗e6 12.♗xe6 fxe6 13.♘g3 ♕d7 14.a5

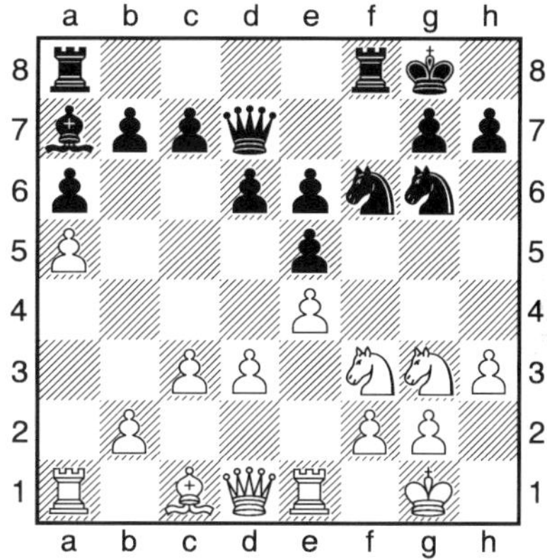

14...♔h8 15.d4 exd4 16.cxd4 h6 17.♕b3 c6 18.♕c2 e5 19.♗e3 ♘h7?! (19...♘h5⩲) **20.♘f5! exd4 21.♗xd4 ♗xd4 22.♘3xd4 ♖ae8 23.♖a3!?**

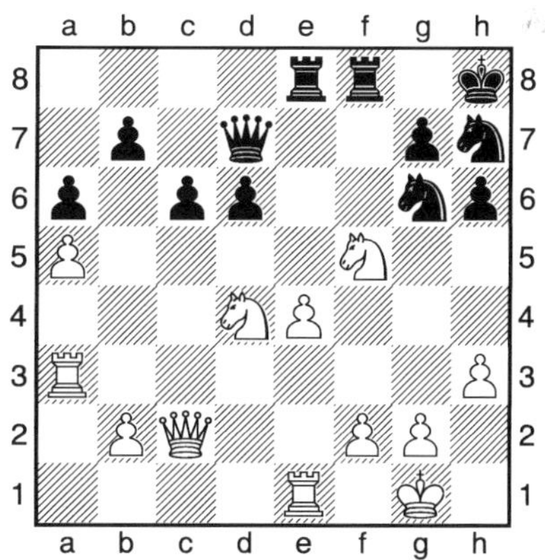

23...♘g5 24.h4 ♘e6 25.♖d1 ♘gf4 26.♘f3 d5 27.g3 g6 28.♘xh6 ♕g7 29.exd5 ♘e2+?? (29...♘d4±) **30.♕xe2**

♘d4 31.♕xe8 ♖xe8 32.♖xd4 ♖f8 33.♖d1 ♕xb2 34.♖ad3 ♕e2 35.d6 ♖xf3 36.♖3d2 ♕e5 37.d7 ♖xg3+ 38.fxg3 ♕xg3+ 39.♖g2 ♕e3+ 40.♔h2 ♕f4+ 41.♖g3 1–0

Partie 19

Dominguez Perez, Leinier (2745)

Niemann, Hans Moke (2688) [C54]

Saint Louis 2022

1.e4 e5 2.♘f3 ♘c6 3.♗c4 ♘f6 4.d3 ♗c5 5.0–0 d6 6.c3 a6 7.a4 ♗a7 8.♘bd2 0–0 9.h3 h6 10.♖e1 ♘e7 11.♗b3 c5

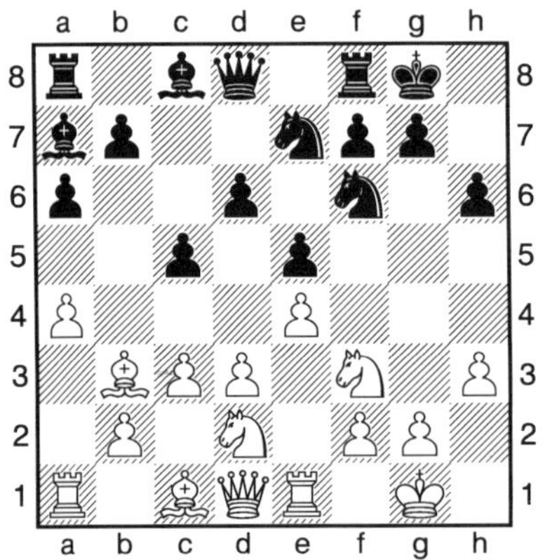

12.♘f1 ♗e6 13.♘e3 ♕d7 14.♗d2 ♖ad8 15.a5 ♗b8?!

15...♖c8 16.♗a4 ♕d8 17.c4±

16.♗a4 ♕c8 17.c4 ♘g6 18.♘d5 ♘xd5 19.cxd5± ♗d7 20.b4!

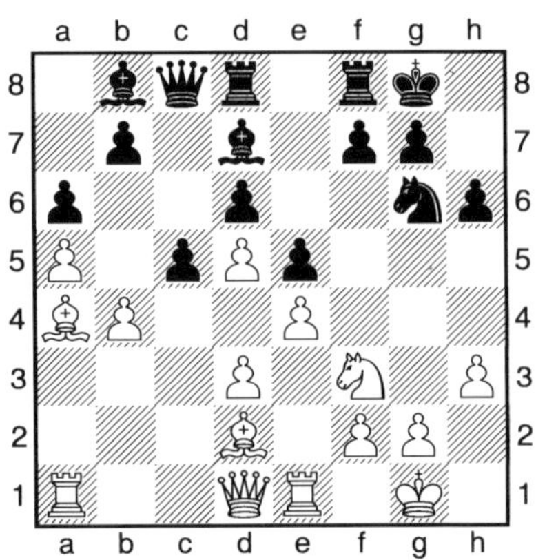

20...cxb4 21.♖c1 ♗xa4 22.♕xa4 ♕d7 23.♕xd7 ♖xd7 24.♖c4 ♗a7 25.♗e3 ♗xe3 26.fxe3 f5 27.exf5 ♖xf5 28.♖b1 ♖ff7 29.♘d2 ♘e7 30.e4 ♔f8 31.♖cxb4 ♘c8 32.♘f3 ♘a7 33.d4 exd4 34.♘xd4+–

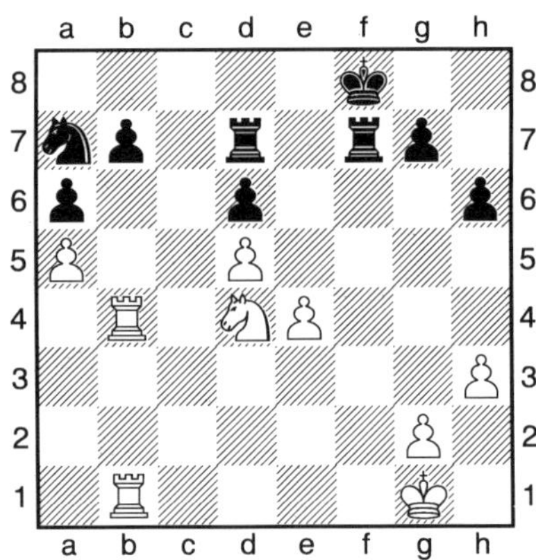

34...g6 35.♖1b3 ♔g7 36.h4 ♘b5 37.♘xb5?

37.♘e6+ ♔f6 38.♖f3+ ♔e5 39.♘f8+–

37...axb5 38.♖f3? ♖fe7 39.♔f2 ♖c7 40.♔e3 ♖c2= 41.♖f2 ♖c1 42.♔d3 ♖d1+ 43.♖d2 ♖e1 44.♖e2 ♖d1+ 45.♖d2 ♖e1 46.♖f2 ♖d1+ 47.♖d2 ♖e1 ½–½

Partie 20

Vachier Lagrave, Maxime (2791)

So, Wesley (2810) [C54]

Saint Louis 2017

1.e4 e5 2.♘f3 ♘c6 3.♗c4 ♗c5 4.0–0 ♘f6 5.d3 0–0 6.a4 d6 7.c3 a6 8.h3 h6 9.♘bd2 ♗a7 10.♖e1 ♘e7 11.♗b3 ♘g6 12.d4 ♖e8 13.♗c2 ♗d7 14.a5 c6?! (14...♗c6⩲) **15.dxe5 dxe5 16.♘c4 ♕e7 17.♕d6**

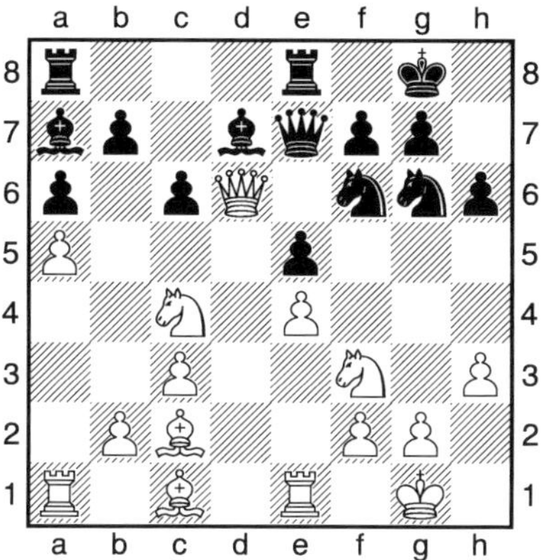

17...♕xd6 18.♘xd6± ♖e6 19.♖d1 ♖b8 20.♔f1

20.b4! ♔f8 21.♖b1 ♔e7 22.♘f5+ ♔f8 23.c4±

20...♖e7 21.♘c4 ♖be8 22.b3

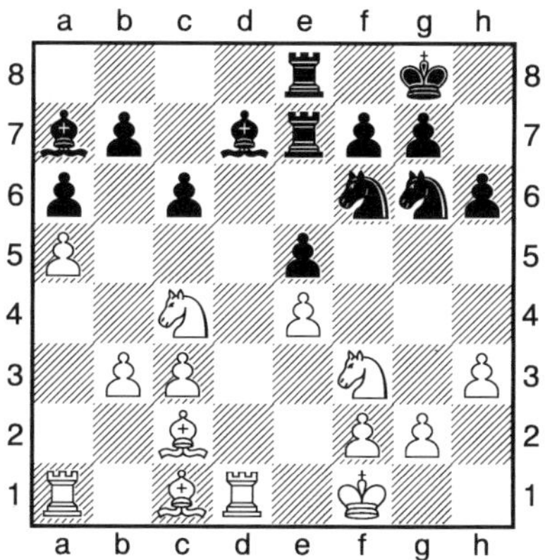

22...♗e6 23.♘b6?!

23.♗a3 ♗xc4+ 24.bxc4 ♖d7 25.♖xd7 ♘xd7 26.♖b1±

23...♗xb6 24.axb6⩲ ♖d7 25.♗e3 ♖c8 26.c4 (26.b4!) **26...♖xd1+ 27.♖xd1 c5 28.♘e1 ♘d7 29.♘d3 f6 30.♖a1⩲**

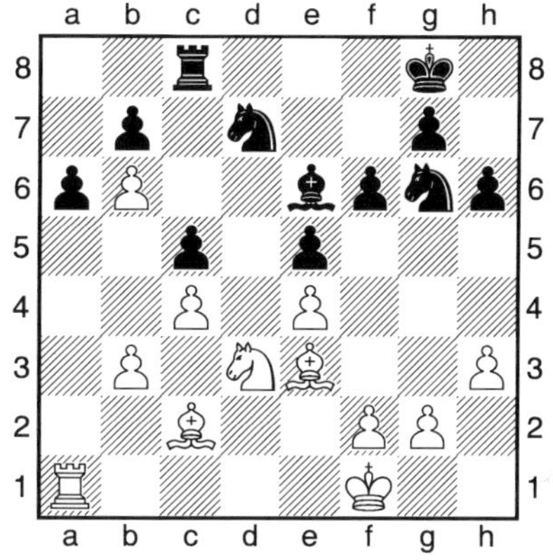

30...♘e7 31.♔e2 ♔f7 32.♔d2 f5? 33.f4! exf4 34.♘xf4 g5 35.♘xe6 ♔xe6 36.exf5+ ♘xf5 37.♗g1 ♘d4 38.♖e1+ ♔f6 39.♖f1+ ♔e7 40.♖e1+ ♔d8 41.♗e4 ♘xb3+ 42.♔c3 ♘d4 43.♗h2 1–0

Partie 21

Bindrich, Falko (2610)

Alekseev, Evgeny (2640) [C54]

Skopje 2019

1.e4 e5 2.♘f3 ♘c6 3.♗c4 ♗c5 4.0–0 ♘f6 5.d3 d6 6.c3 a6 7.a4 ♗a7 8.♖e1 h6 9.♘bd2 0–0 10.h3 ♘e7 11.♗b3 ♘g6 12.d4 ♖e8 13.♗c2 ♗d7 14.♘f1 b5

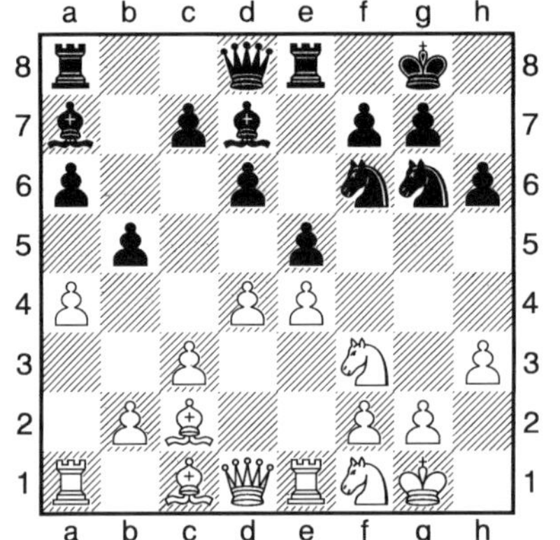

15.♘g3 c5 16.♗e3 ♕c7 17.♕d2 ♔h7 18.♘f5 ♗xf5 19.exf5 ♘f8 20.dxe5 dxe5

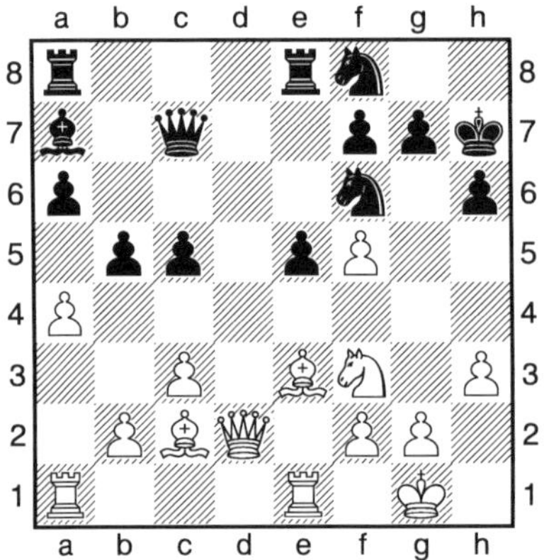

21.♘h2 ♘8d7 22.♘g4 e4 23.axb5

23.♖ed1 c4 24.♗xh6! ♘xg4 25.hxg4 ♘e5 26.♗f4±

23...axb5 24.♗f4 ♕b7 25.♖ad1 ♖e7??

26.♗d6

26.♗xh6!!

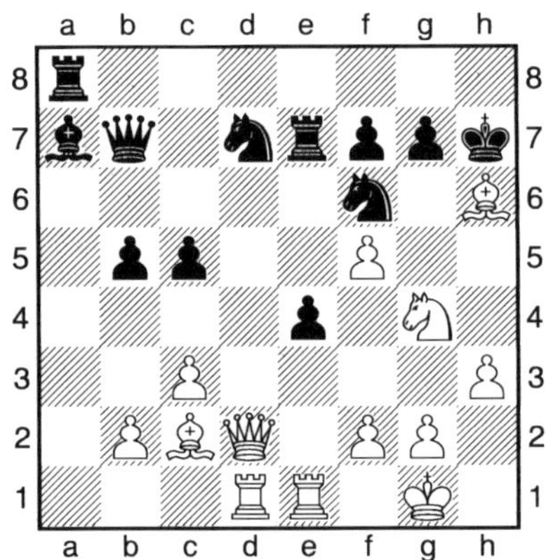

26...♘xg4 27.♕g5+–

26...♖ee8 27.♕f4?! c4 28.♖d2 ♗b8 29.♖ed1 ♗xd6 30.♖xd6 ♖a6 31.♖6d4

31.♖xa6 ♕xa6 32.♕c7∞

31...♘c5 32.♕e3 ♕e7 33.♘xf6+ ♖xf6 34.♖d5 ♘d3 35.♖xb5 ♕d7 36.♖a5 ♖xf5?? (36...♕c7=) **37.♗a4 ♕e6 38.♖xf5 ♖a8 39.♗d7 1–0**

Partie 22

So, Wesley (2773)

Van Foreest, Jorden (2678) [C54]

Zagreb Rapid 2022

1.e4 e5 2.♘f3 ♘c6 3.♗c4 ♗c5 4.0–0 ♘f6 5.d3 d6 6.c3 a6 7.♖e1 ♗a7 8.a4 h6 9.♘bd2 0–0 10.h3 ♖e8 11.♕c2 ♗e6 12.♗xe6 ♖xe6 13.b4 ♕d7 14.♖b1

14...♘e7 15.♘f1 ♘g6 16.♘g3 ♖ee8 17.c4 c6 18.c5 ♖ad8

18...d5 19.♘f5 ♗b8±

19.♗e3 d5 20.♘f5!

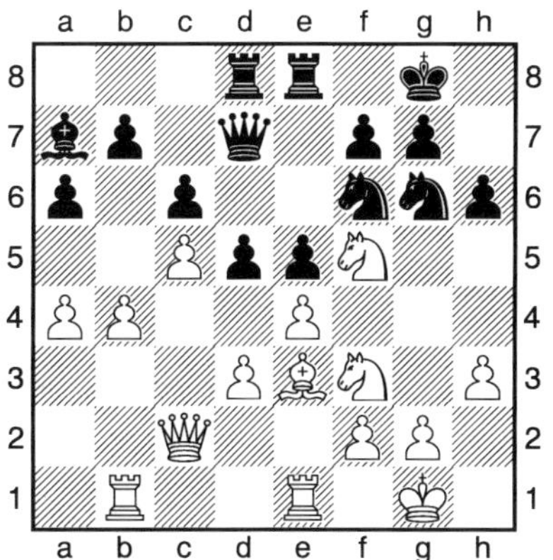

20...♗b8 21.♖bd1

21.♕d2!? d4?? 22.♗xh6

21...♘e7 22.♘g3 ♘g6 23.♘f5 ♘e7 24.♘3h4 ♘xf5 25.♘xf5 ♔h7 26.♘g3 ♔g8 27.f3 ♗c7 28.♕f2 ♔h7 29.♘f5 ♘g8 30.d4

30.g4!? ♕e6 31.h4

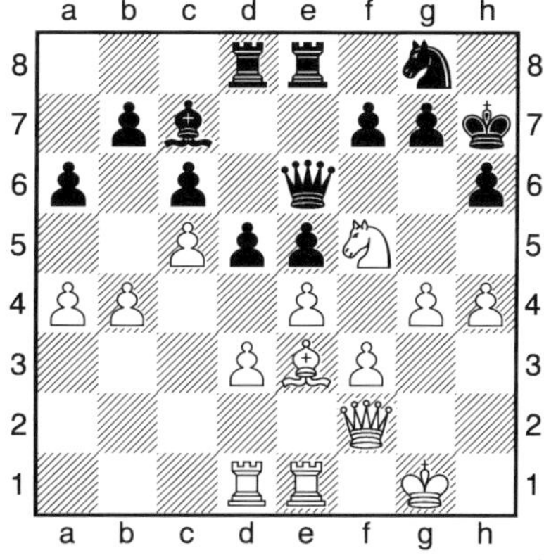

30...♘e7 31.♘d6 ♗xd6 32.cxd6 exd4 33.♗f4 ♘g6 34.♗g3 dxe4 35.♖xe4 ♖xe4 36.fxe4 ♖e8 37.♕xd4± f6 38.b5 axb5 39.axb5 ♘e5 40.bxc6 bxc6 41.♕b6 ♘g6 42.♕c7 ♘f8

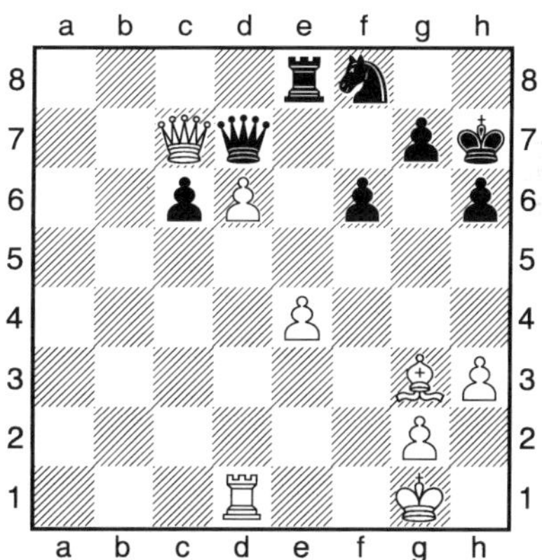

43.♖b1?!

43.♖a1! ♖c8 44.♕b6 c5?? 45.♖a7

43...♖c8 44.♕a5 c5 45.♕a6 ♕e6 46.♖b7 ♘d7 47.♕a7∞ ♖d8 48.♕a5 ♕xe4 49.♖a7 ♖b8 50.♕d2 ♘e5 51.♖e7 ♖b3 52.♗xe5 fxe5 53.d7 ♖d3 54.d8♕ ♖xd8 55.♕xd8

♕e3+ 56.♔f1 ♕f4+ 57.♔e2 ♕e4+ 58.♔d2 ♕f4+ 59.♔c3 ♕c1+ 60.♔b3 ♕b1+ 61.♔c4 ♕c2+?? (61...♕b4+ =) **62.♔b5 c4 63.♕c7 ♕xg2 64.♕xe5 1–0**

Partie 23

Sevian, Samuel (2703)

Nakamura, Hikaru (2766) [C54]

Rapid Chess.com INT 2022

1.e4 e5 2.♘f3 ♘c6 3.♗c4 ♗c5 4.0–0 ♘f6 5.d3 d6 6.c3 a6 7.a4 ♗a7 8.♖e1 0–0 9.h3 h6 10.♘bd2 ♖e8 11.b4 ♗e6 12.♗xe6 ♖xe6 13.♕c2 ♕d7 14.♘f1 ♖ae8 15.♗e3 ♗xe3 16.♘xe3 d5 17.b5 ♘e7 18.c4 d4 19.♘d5

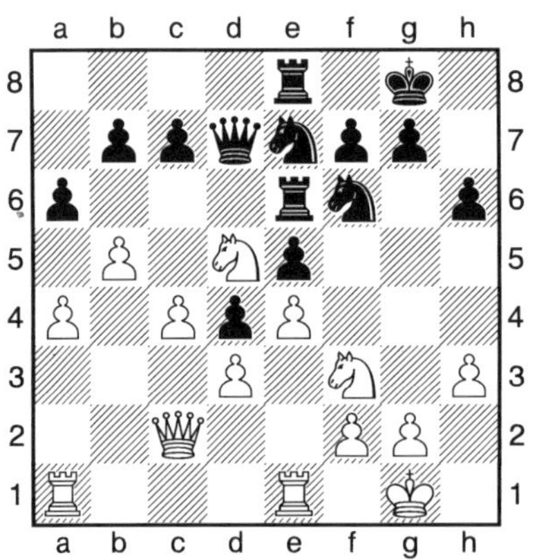

19...♘g6 20.♔h2 ♕d8 21.♖eb1 a5 22.g3 ♘d7 23.c5 ♘e7

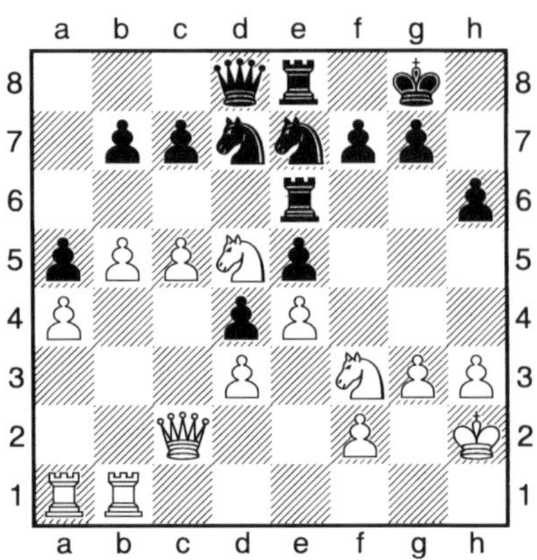

24.♔g2

24.c6!? bxc6 25.bxc6 ♘xc6 26.♖b7≌

24...♘xd5 25.exd5 ♖6e7 26.d6 cxd6 27.cxd6 ♖e6 28.♕c7 b6

28...♕xc7 29.dxc7=

29.♖e1! ♕xc7 30.dxc7 ♖c8 31.♖ac1 ♘c5 32.♖xc5?!

32.♖xe5 ♖xe5 33.♘xe5 ♖xc7 34.♖c4±

32...bxc5 33.♖xe5 ♖xc7 34.♖xe6 fxe6 35.♘e5∞ ♔f8

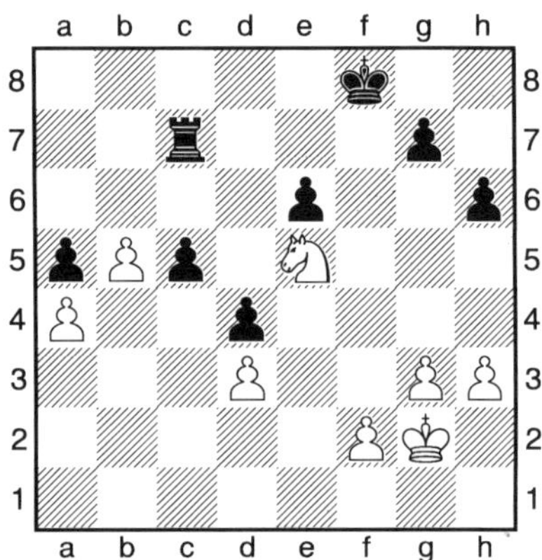

36.♔f3 ♔e7 37.♔e4 ♖c8 38.♘c4 ♖a8 39.f4 h5 40.♔e5 g6 41.g4 h4??

41...hxg4 42.hxg4 ♖h8 43.♘xa5 ♖h3 44.♘c6+ ♔d7 45.¢f6=

42.g5+– ♖a7 43.♔e4 ♖a8 44.♘e5 ♖g8

45.♘c6+ ♔d7 46.♘xa5 e5 47.fxe5 ♔e6 48.♘b3 ♖c8 49.a5 c4 50.♘xd4+ ♔d7 51.dxc4 ♖xc4 52.♔d5 ♖c3 53.b6 ♖xh3 54.e6+ ♔c8 55.a6 ♖d3 56.b7+ ♔c7 57.e7 1–0

Partie 24

Sadhwani, Raunak (2620)

Topalov, Veselin (2728) [C54]

Rapid Chess.com INT 2022

1.e4 e5 2.♘f3 ♘c6 3.♗c4 ♘f6 4.d3 ♗c5 5.0–0 d6 6.c3 a6 7.a4 h6 8.♖e1 0–0 9.h3 ♖e8 10.♘bd2 ♗a7 11.b4 ♘e7 12.♘f1!?

12.♕b3 ♖f8 13.d4±

12...c6 13.♗b3 ♘g6 14.♘g3 d5

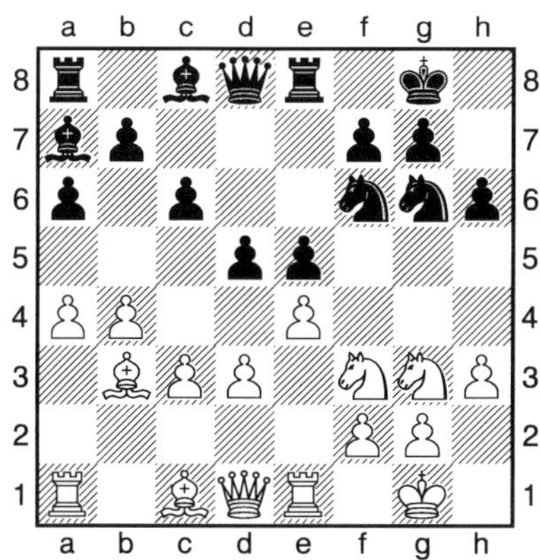

15.♕c2 ♗e6 16.a5 ♕d7 17.exd5 ♗xd5

17...♘xd5 18.♔h2 ♖ad8∓

18.♘e4 ♘xe4?

18...♘h5 19.c4∞

19.dxe4 ♗xb3 20.♕xb3 ♖ad8 21.♖a2= c5? 22.♗e3 ♕c6 23.c4!

23...♖c8? (23...♘f8±) **24.♖d2 ♘f4 25.♗xf4 exf4 26.b5+– ♕e6 27.b6 ♗b8 28.♖d5 ♗d6 29.♕d3 ♗f8 30.e5 g5 31.♖d7 ♖e7 32.♖d6 1–0**

Partie 25

Nepomniachtchi, Ian (2773)

Giri, Anish (2773) [C54]

Rapid Chess.com INT 2022

1.e4 e5 2.♘f3 ♘c6 3.♗c4 ♘f6 4.d3 ♗c5 5.0–0 d6 6.c3 a6 7.a4 ♗a7 8.♖e1 0–0 9.h3 h6 10.♘bd2 ♖e8 11.b4 ♗e6 12.♗xe6 ♖xe6 13.♖b1 b5 14.♖a1 d5 15.♕c2 ♗b6 16.♘b3

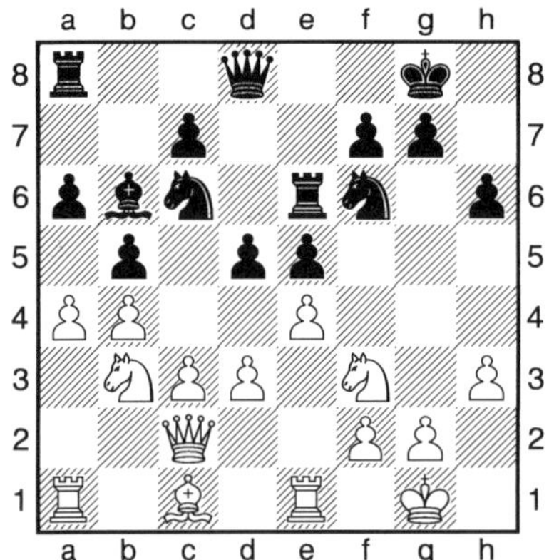

16...♕e8 17.a5 ♗a7 18.♗e3 ♗xe3 19.♖xe3 dxe4 20.dxe4 ♖d6 21.♖ee1 ♘d7 22.♖ad1 ♕e6 23.♘fd2

23.♘h4 ♘f6 24.♘c5 ♕c4 25.♖c1±

23...♖d8 24.♘f1± ♘f6 25.♘c5 ♕c8 26.♘e3

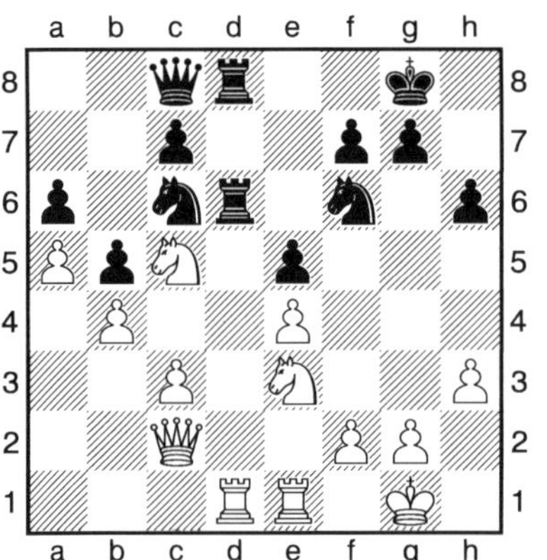

26...g6 27.♕b3 ♔g7 28.♘d5 ♘d7 29.♘d3 ♘f6 30.♘xf6 ♖xf6 31.♘c5 ♘e7 32.c4! bxc4 33.♕xc4 ♖fd6 34.♖b1 ♘c6 35.♕xa6 ♕xa6 36.♘xa6 ♘xa5 37.♘xc7?!±

37.♘c5! ♘c4 38.♘b7+–

37...♘c4 38.b5 ♘b6 39.♖ec1 ♖c8 40.♘a6 ♖c4 41.♖xc4 ♘xc4 42.♘c7 ♘b6 43.♘e8+ 1–0

Partie 26

Karjakin, Sergey (2747)

Khismatullin, Denis (2594) [C54]

Moskau 2022

1.e4 e5 2.♘f3 ♘c6 3.♗c4 ♗c5 4.0–0 ♘f6 5.d3 d6 6.c3 a6 7.a4 ♗a7 8.♖e1 h6 9.♘bd2 0–0 10.h3 ♘e7 11.d4 ♘g6 12.♗d3 ♘h5 13.♘f1 ♘hf4 14.♘g3 ♘xd3 15.♕xd3

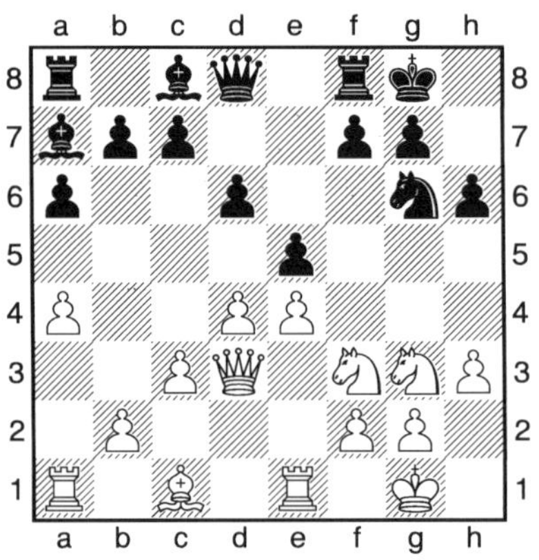

15...♗e6 16.♗e3 f6 17.a5 ♕e8 18.♖a3?!

18.b4 ♔h7 19.♖ac1 ♕f7 20.d5 ♗d7 21.c4±

18...♕b5

18...d5! 19.dxe5 dxe4 20.♘xe4=

19.♕d2 ♕e8 20.c4!

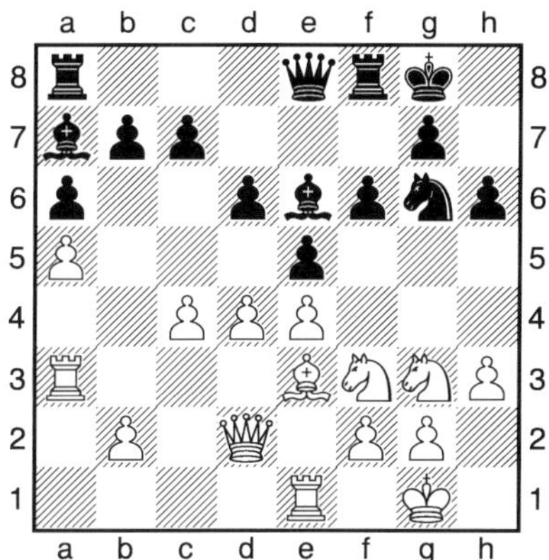

20...♖d8

20...♗xc4 21.♖c3

21.d5 ♗xe3 22.fxe3 ♗c8 23.♘f5 ♘h8 24.♕b4 ♘f7 25.♖f1 g6 26.♘g3 ♔g7 27.♖c3 c5 28.♕b6 ♕e7 29.b4

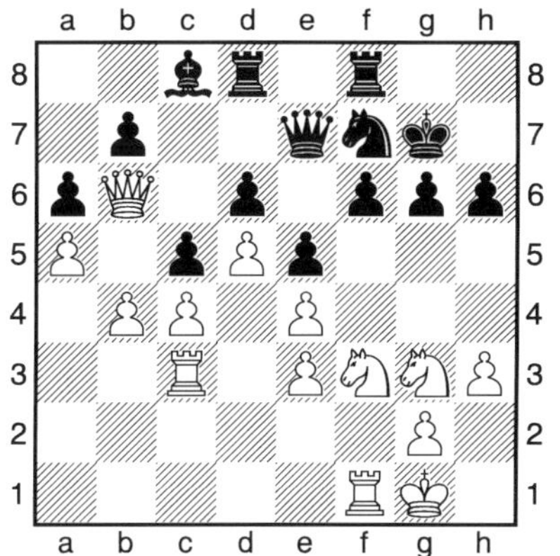

29...cxb4 30.♕xb4 f5 31.c5 dxc5 32.♕xc5 ♘d6 33.exf5 gxf5 34.♕c7 ♖d7 35.♕b6 ♔h7 36.♖fc1 ♕g7 37.♖c7 ♖ff7 38.♘h5 ♕h8 39.♖xd7 ♖xd7 40.♖c7 1–0

Partie 27

Nepomniachtchi, Ian (2773)

Bok, Benjamin (2624) [C54]

Rapid Chess.com INT 2022

1.e4 e5 2.♘f3 ♘c6 3.♗c4 ♗c5 4.0–0 ♘f6 5.d3 d6 6.c3 a6 7.a4 h6 8.♖e1 0–0 9.h3 ♗a7 10.♘bd2 ♖e8 11.b4 ♗e6 12.♗xe6 ♖xe6 13.♕c2 ♕d7 14.♖b1 b5 15.♖a1 ♖d8 16.♘b3 ♗b6 17.♗d2 d5 18.a5 ♗a7

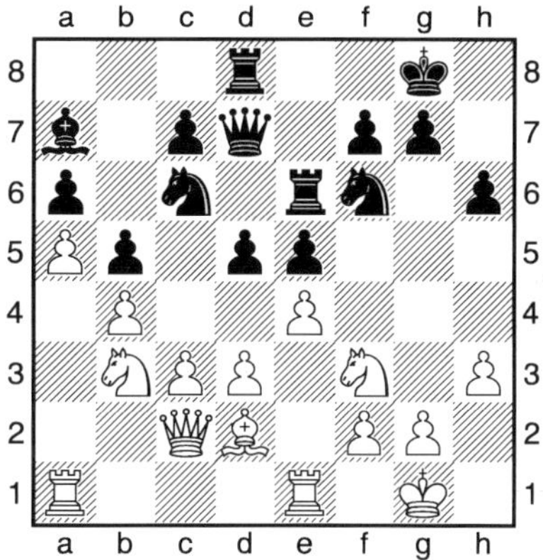

19.♖ac1

19.♗e3 ♗xe3 20.♖xe3±

19...dxe4 20.dxe4 ♖d6 21.♗e3 ♗xe3 22.♖xe3 ♖d1+?!

22...♘h5 23.♘c5 ♕c8 24.♔h2 ♘f4=

23.♖e1 ♖xe1+ 24.♘xe1 ♘e7 25.♘c5 ♕c6 26.♘f3 ♘g6 27.c4

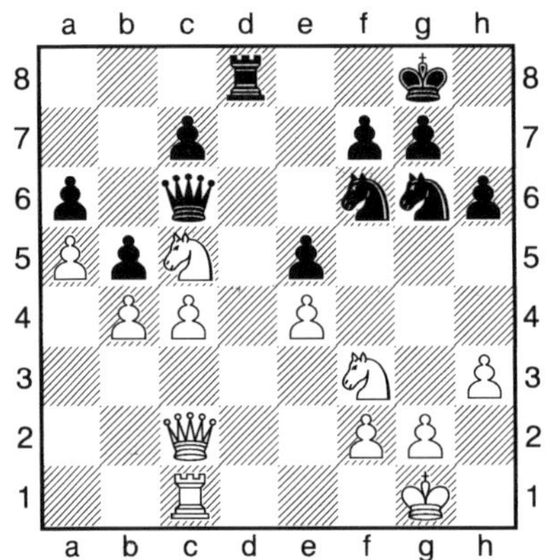

27...♔h7 28.g3 ♖d6 29.♔g2 ♕e8 30.♕b3 ♔g8 31.cxb5 ♕xb5 32.♕c4 ♕c6?

32...♕xc4 33.♖xc4 ♖c6±

33.♖c2 ♕a8 34.♖d2+– ♘e7 35.♖xd6 cxd6 36.♕xa6 ♕xa6 37.♘xa6 ♘c6 38.♘d2 d5 39.♘b3 ♘xe4 40.b5 ♘d8 41.♘ac5 ♘d6 42.b6 ♘c4 43.b7 ♘xb7 44.♘xb7 d4 45.a6 ♘b6 46.a7 g6 47.♘d6 ♘a8 48.♘c5 f5 49.♘d7 e4 50.♘c4 d3 51.♔f1 ♔g7 52.♘db6 ♘c7 53.♘d5 ♘a8 54.♘cb6 1–0

Partie 28

Carlsen, Magnus (2859)

Salem, Saleh (2677) [C54]

Chess.com INT 2022

1.e4 e5 2.♘f3 ♘c6 3.♗c4 ♘f6 4.d3 ♗c5 5.0–0 0–0 6.h3 d6 7.c3 h6 8.♖e1 ♖e8 9.♘bd2 a6 10.♗b3 ♗e6 11.♗c2 ♗a7 12.♘f1 d5 13.exd5 ♗xd5 14.♗e3 ♗xe3 15.♘xe3 ♗e6 16.b4 ♕d6 17.a4

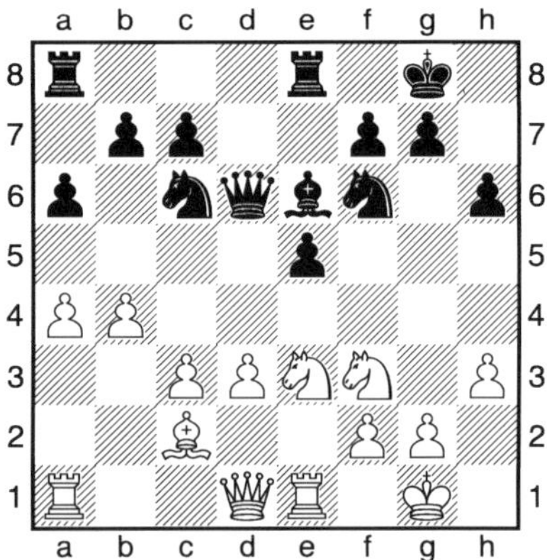

17...♖ad8 18.♘d2 ♕d7 19.♕f3 ♘d5

19...e4!? 20.♘xe4 ♘xe4 21.dxe4 ♕d2⩱

20.♘e4 b6 21.a5?? bxa5??

21...f5 22.♘g3 ♘xc3–+

22.♘c5 ♕e7 23.♗a4+–

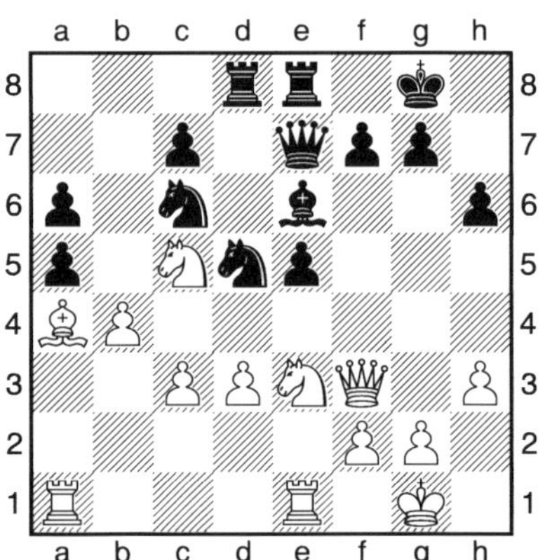

23...e4 24.♕xe4 ♘xe3 25.♖xe3 ♗d5 26.♕xe7 ♖xe7 27.♗xc6 ♖xe3 28.♗xd5 ♖e5 29.♗c4 axb4 30.cxb4 1–0

Partie 29

Carlsen, Magnus (2859)

Salem, Saleh (2677) [C54]

Chess.com INT 2022

1.e4 e5 2.♘f3 ♘c6 3.♗c4 ♘f6 4.d3 ♗c5 5.0–0 0–0 6.h3 d6 7.c3 a6 8.♗b3 h6 9.♘bd2 ♖e8 10.♖e1 ♗e6 11.♗c2 ♗a7 12.♘f1 d5 13.exd5 ♗xd5 14.♘g3 ♕d6 15.b4

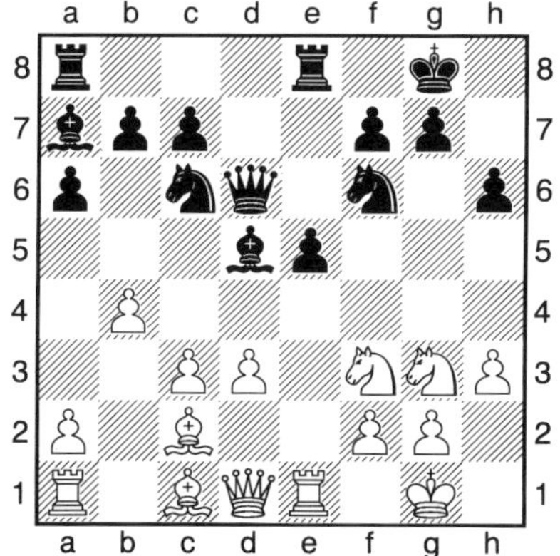

15...♖ad8 16.♕e2 b5 17.♗e3 ♗xe3?! (17...♗b6=) **18.♕xe3 ♗e6 19.♘e4 ♘xe4 20.dxe4 ♕e7 21.a4 ♖d6 22.♗d3**

22.axb5 axb5 23.♗d3 ♖b8 24.♗f1±

22...♖ed8?

22...♕d7 23.♗f1 bxa4=

23.♗e2 ♗c4 24.axb5 axb5 25.♗xc4 bxc4 26.♕c5±

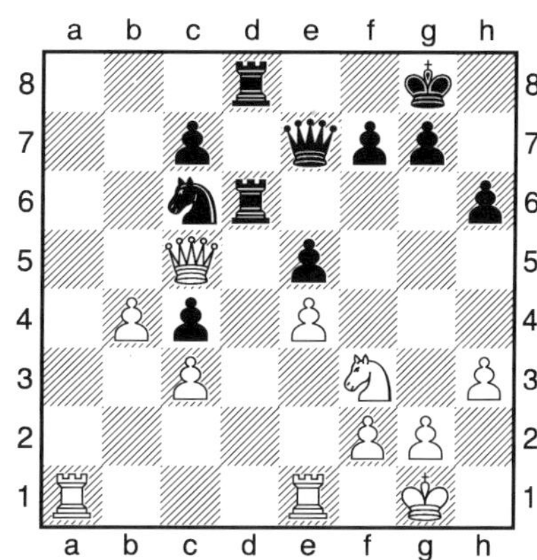

26...♖f6 27.♕xe7 ♘xe7 28.♘xe5 ♖d2 29.♘g4 ♖e6 30.♘e3 ♖xe4 31.♘f1 ♖xe1 32.♖xe1 ♖d7 33.♖e4 ♘d5 34.♖xc4 ♖e7 35.♘e3 ♘xe3 36.fxe3 g6 37.♔f2 ♔f8 38.♖c5 ♔e8 39.g4 ♔d7 40.h4 ♖e6 41.h5 g5 42.♔f3 ♖f6+ 43.♔e4 ♖e6+ 44.♖e5 ♖c6 45.♔d4 ♖a6 46.c4 ♖a1 47.♖f5 ♔e6 48.♖c5 ♔d6 49.♔e4 ♖f1 50.♖f5 ♖g1 51.♖f6+ ♔e7 52.♖xh6 ♖xg4+ 53.♔d5 ♖h4 54.b5? (54.♖h7+–) **54...g4 55.♖h8 g3 56.♖g8 ♖xh5+ 57.♔c6 ♖h3??**

57...♖h6+! 58.♔xc7 ♖g6 59.♖xg6 fxg6 60.b6=

58.♔xc7 f5 59.b6 ♔f7 60.♖g5 ♔f6 61.♖xg3 ♖xg3 62.b7 ♖g7+ 63.♔b6 ♖xb7+ 64.♔xb7 ♔e5 65.c5 ♔e4 66.c6 1–0

Partie 30

Malakhov, Vladimir (2650)

Sjugirov, Sanan (2712) [C54]

Moskau 2022

1.e4 e5 2.♘f3 ♘c6 3.♗c4 ♗c5 4.0–0 ♘f6 5.d3 d6 6.c3 a6 7.a4 ♗a7 8.♖e1 0–0 9.h3 ♘e7 10.♗b3 ♘g6 11.d4 h6 12.dxe5!?

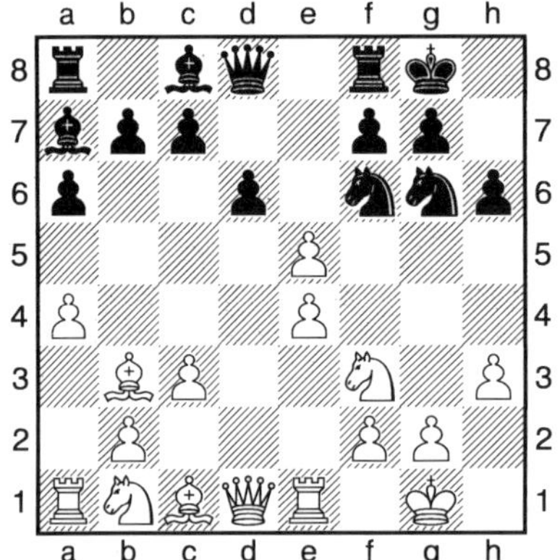

12.♗c2 ♖e8 13.♘bd2

12...dxe5 13.♕xd8 ♖xd8 14.a5 ♖e8 15.♗e3 ♗xe3 16.♖xe3 ♗e6 17.♘bd2 ♖ad8 18.♗xe6 ♖xe6 19.♘c4 ♔f8 20.g3± ♘e8 21.♔f1 f6 22.♔e2 ♖c6 23.♖d3 ♖b8 24.♘fd2

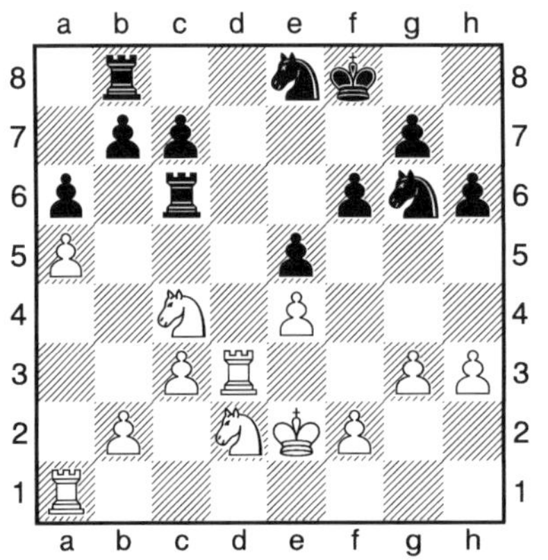

24...♘e7 25.b4 ♘d6 26.♘xd6 cxd6 27.♘f1 f5?!

27...♖bc8 28.♔d2±

28.exf5 e4 29.♖d4 ♖xc3 30.♖xe4

30.f6! gxf6 31.♖xe4±

30...♖b3 31.♘e3 d5 32.♖f4 ♔f7 33.♖c1 ♖d8 34.♖c7+– d4 35.♖e4 dxe3 36.♖cxe7+ ♔f6 37.fxe3 ♔xf5 38.♔f3 ♔g6 39.♖g4+ 1–0

Partie 31

Malakhov, Vladimir (2651)

Tomashevsky, Evgeny (2700) [C54]

Poikovsky Karpow 2022

1.e4 e5 2.♘f3 ♘c6 3.♗c4 ♘f6 4.d3 ♗c5 5.0–0 d6 6.c3 0–0 7.h3 a5 8.♖e1 h6 9.♘bd2 ♗e6 10.♗b5 ♘d7 11.♘f1 d5 12.exd5 ♗xd5 13.♘e3 ♗xe3 14.♗xe3

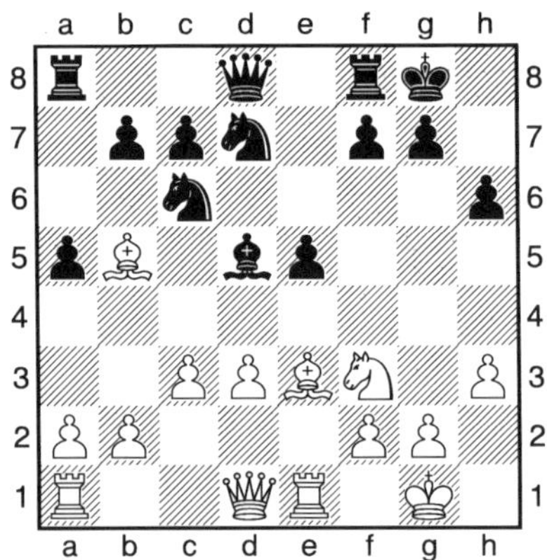

14...f5 15.♗d2 ♕f6

15...♖e8 16.c4 ♗f7 17.♗c3∞

16.c4! ♗xf3

16...♗f7 17.♗xc6

17.♕xf3 e4 18.♕e3 ♕xb2 19.♗xc6 bxc6 20.dxe4 f4 21.♕c3 ♕xc3 22.♗xc3±

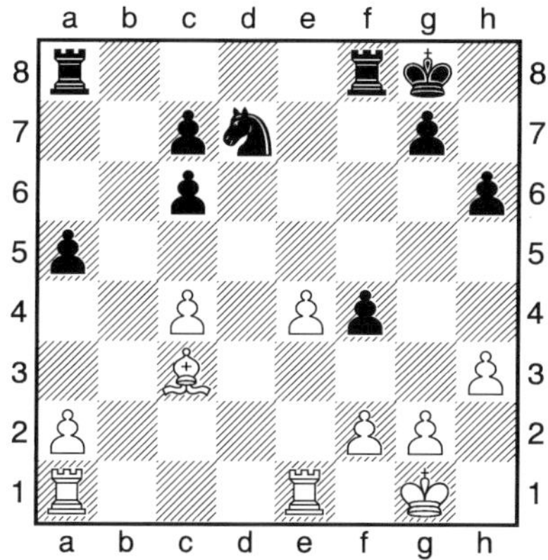

22...♘c5 23.f3 ♖fd8 24.♖ed1 a4 25.♔f1 ♔f7 26.♔e2 g5 27.♗e5 ♘e6 28.♖xd8 ♖xd8 29.♖d1 ♖b8 30.♖d7+ ♔e8 31.♖h7 a3 32.♖h8+ ♘f8 33.♗g7 ♖b2+ 34.♔f1 ♖b1+ 35.♔f2 ♖b2+ 36.♔g1 1–0

Partie 32

So, Wesley (2773)

Esipenko, Andrey (2682) [C54]

Rapid Chess.com INT 2022

1.e4 e5 2.♘f3 ♘c6 3.♗c4 ♘f6 4.d3 ♗c5 5.0–0 0–0 6.h3 h6 7.c3 d6 8.♖e1 a5 9.♘bd2 ♗e6 10.♗b5 ♘d7 11.♘f1 d5 12.♗e3 dxe4 13.dxe4 ♕e7 14.♕e2 a4 15.♕c2 a3 16.b4

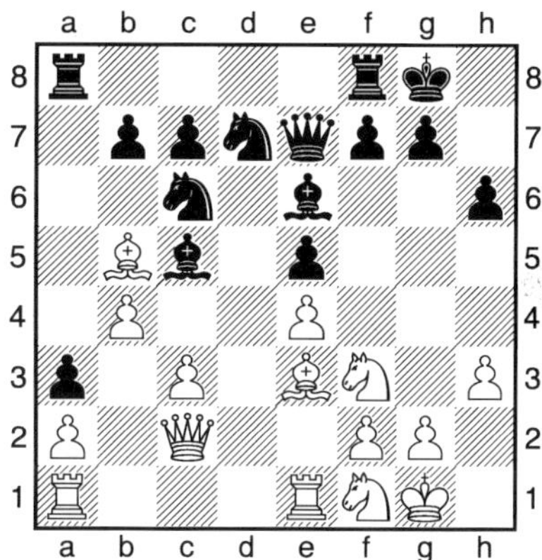

16...♗xe3?

16...♗d6 17.♖ad1±

17.♘xe3± ♘a7 18.♗xd7 ♗xd7 19.♘d5

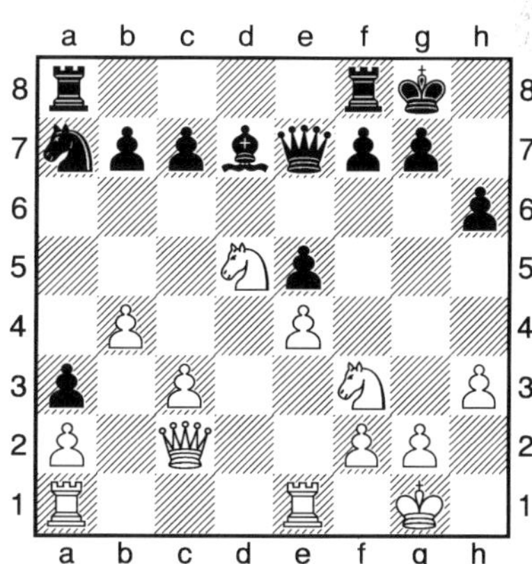

19...♕d6 20.c4 ♖fe8 21.♖ad1 ♘c6 22.♕c3 ♖ad8 23.c5 ♕g6 24.♘xc7 ♖f8 25.b5 ♗xh3 26.♘h4 ♕h5 27.♖xd8 1–0

Partie 33

Giri, Anish (2764)

Sadhwani, Raunak (2620) [C54]

Rapid Chess.com INT 2022

1.e4 e5 2.♘f3 ♘c6 3.♗c4 ♘f6 4.d3 ♗c5 5.0–0 d6 6.c3 a5 7.♖e1 0–0 8.h3 h6 9.♘bd2 ♗e6 10.♗b5 ♕b8 11.♗xc6 bxc6 12.d4 exd4 13.cxd4 ♗b6

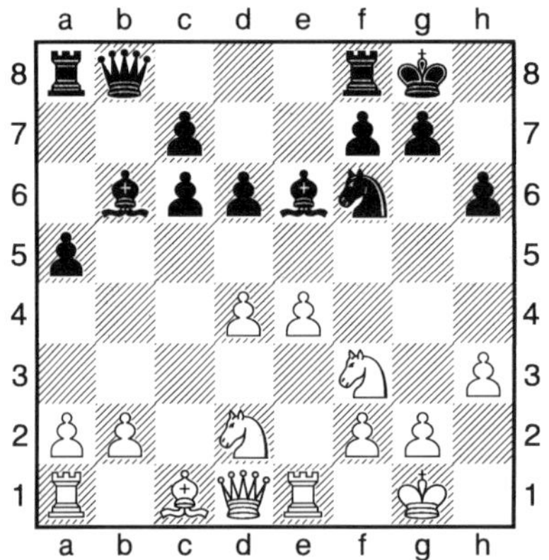

14.♘f1 d5 15.e5 ♘e4 16.♗e3 c5!?

16...a4⩲ 17.♖c1

17.dxc5 ♗xc5 18.♗xc5 ♘xc5 19.♘d4 ♕xb2 20.♖c1 ♕b6 21.♘g3 ♖fe8 22.♖e3

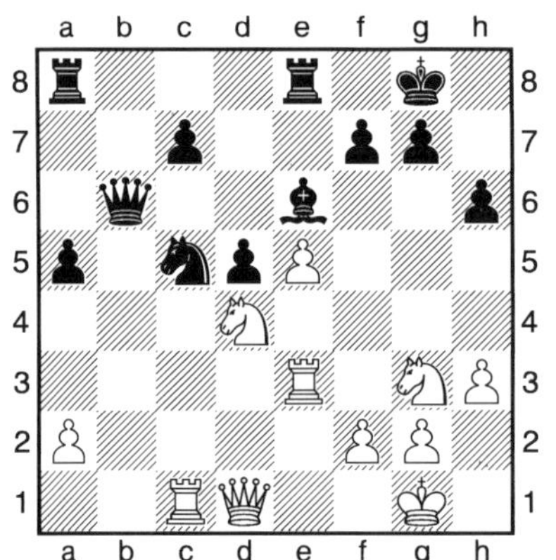

22...♗d7 23.♘df5

23.♘gf5! ♘e4 24.♕g4±

23...♗xf5? 24.♘xf5 ♖ad8??

24...♘e4 25.♕g4 ♕g6±

25.♕g4 g6 26.♘xh6+ ♔g7 27.♖f3 ♔xh6 28.♖xf7 ♕b4 29.f4 ♕d4+ 30.♔h2 1–0

Partie 34

Firouzja, Alireza (2749)

Ding, Liren (2791) [C54]

chess24.com INT 2020

1.e4 e5 2.♘f3 ♘c6 3.♗c4 ♘f6 4.d3 ♗c5 5.c3 d6 6.0–0 0–0 7.♖e1 a5 8.h3 h6 9.♗b3 b5 10.d4 ♗b6 11.♗e3 a4 12.♗c2 exd4 13.cxd4 ♘b4 14.♘c3 ♘xc2 15.♕xc2

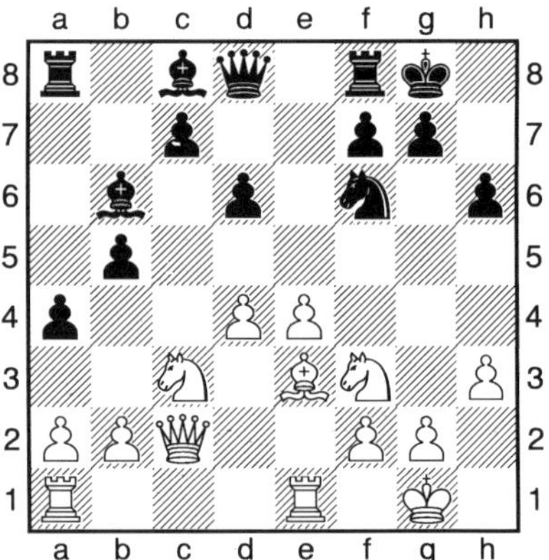

15...♗a5 16.♗d2 ♖b8 17.e5 dxe5 18.dxe5 ♗xc3 19.♕xc3 ♘d5 20.♕c5 ♗e6 21.♖ac1 ♕d7 22.♖ed1 ♖fc8 23.♘d4 c6 24.♔h2 ♖b7 25.♗e1?!

25.f4 ♘e7 26.♗b4 ♕e8 27.b3 axb3 28.axb3 g6 29.g4⩲

25...♕e8 26.a3 ♗d7 27.♘f3 ♘f4 28.♕e3

28.♖d6 ♘e6 29.♕e3 c5 30.♘h4⩲

28...♘d5 29.♕e4 ♘b6 30.♖c5 ♗e6 31.♘d4 ♗d5 32.♕g4 ♕xe5+ 33.f4 ♕f6 34.♗c3∞

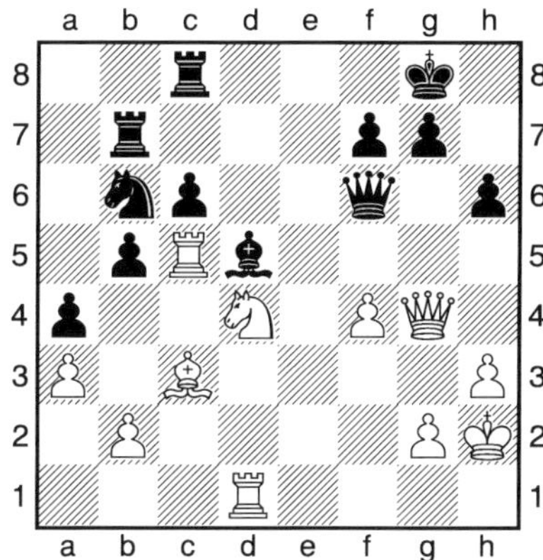

34...♕g6 35.♘f5 ♕xg4 36.hxg4 ♖d7

36...f6 37.♘d6 ♖cb8 38.♘xb7 ♖xb7 39.♗b4≌

37.♘xg7 ♗e6 38.♖xd7 ♗xd7 39.♘h5 ♗e6 40.♘f6+ ♔f8 41.♖h5 ♘d5 42.♘xd5 ♗xd5 43.♖xh6 ♖e8 44.♗f6 1–0

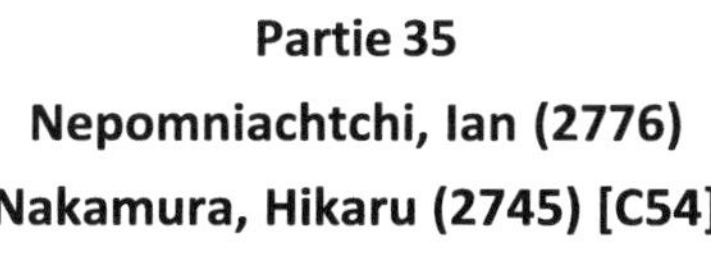

Partie 35

Nepomniachtchi, Ian (2776)

Nakamura, Hikaru (2745) [C54]

Chess.com INT 2020

1.e4 e5 2.♘f3 ♘c6 3.♗c4 ♗c5 4.0–0 ♘f6 5.d3 d6 6.c3 h6 7.♖e1 0–0 8.h3 a5 9.♘bd2 ♗b6 10.♗b5 ♗e6 11.♘c4 ♗a7 12.d4

12.♗xc6 bxc6 13.♘xa5 ♗xf2+ 14.♔xf2 ♖xa5 15.a4⩲

12...exd4 13.cxd4 d5 14.♗xc6 bxc6 15.♘xa5

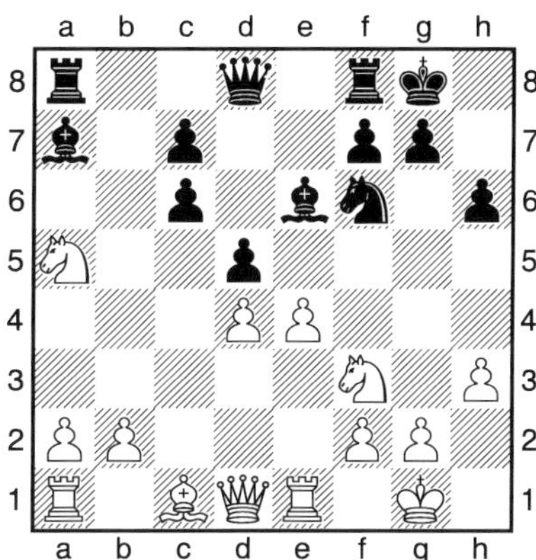

15...dxe4 16.♘xc6 ♕e8 17.♘fe5 ♗b6 18.a4 ♘d5

18...♗d5! 19.♕c2 ♘d7 20.♘xd7 ♕xd7 21.♘b4⩲

19.♕c2 f6 20.♘g4 h5 21.♘e3 f5

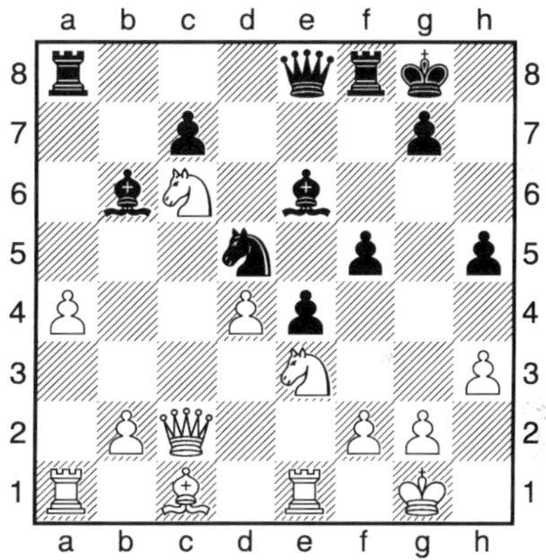

22.♗d2?!

22.a5 ♘e7 23.♘xe7+ ♕xe7 24.d5± ♖xa5 25.♖xa5 ♗xa5 26.♖d1 ♗d7 27.♘c4

22...f4 23.♘xd5 ♗xd5 24.♘b4 (24.a5) **24...c6 25.a5 ♗xd4 26.♗c3 ♗a7 27.a6 ♕g6 28.♔h1 ♖ae8** (28...f3–+) **29.♖g1 ♖f5 30.♖ad1 ♕f7? 31.♘xd5 ♖xd5 32.♕e2 e3 33.f3 ♖ed8 34.♖a1∞ ♖d2? 35.♗xd2 ♖xd2 36.♕e1 ♕d5 37.♖d1** (37.♕b1±) **37...♔f7 38.b4 ♕d3 39.♖xd2**

39.b5 cxb5 40.♖xd2 exd2 41.♕b1

39...exd2 40.♕b1 ♕e2 (40...♕xa6=) **41.♖d1 ♔e7 42.♕e4+ 1–0**

Partie 36

Santos Latasa, Jaime (2639)

Petrosyan, Manuel (2620) [C50]

WM Blitz Warschau 2021

1.e4 e5 2.♘f3 ♘c6 3.♗c4 ♗c5 4.0–0 ♘f6 5.d3 a5 6.c3 d6 7.♖e1 0–0 8.h3 h6 9.♘bd2 ♗a7 10.♘f1 ♗e6 11.♗b5 ♘e7 12.♘g3 c6 13.♗a4 ♘g6 14.d4 b5 15.♗c2 a4 16.♗e3 ♕c7 17.b3

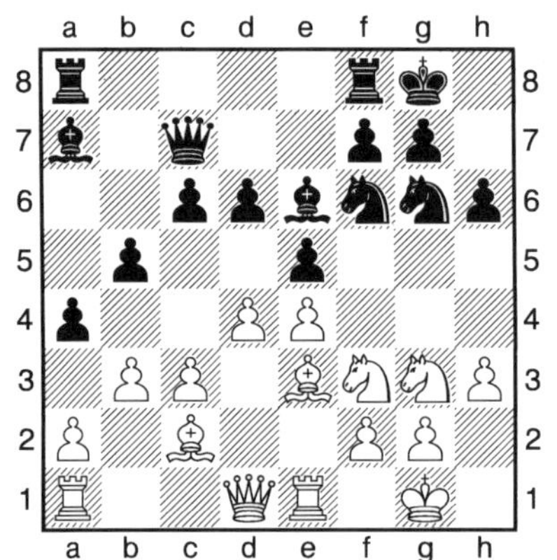

17...axb3 18.axb3 ♗b6 19.♕d2 ♖xa1 20.♖xa1 ♖d8 21.♖a6 c5!?

21...♖b8 22.b4⩲

22.d5

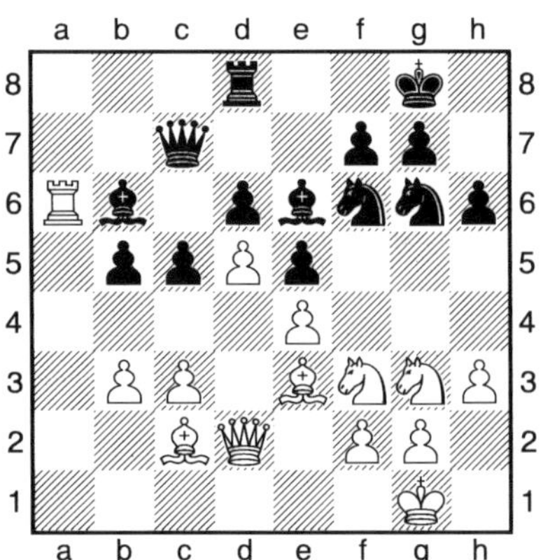

22...♗c8 23.♖a1 c4 24.b4

24.bxc4 bxc4 25.♗d1 ♖f8 26.♗e2±

24...♗xe3 25.♕xe3 ♘f4⩲ 26.♖a7 ♕b8 27.♖a5

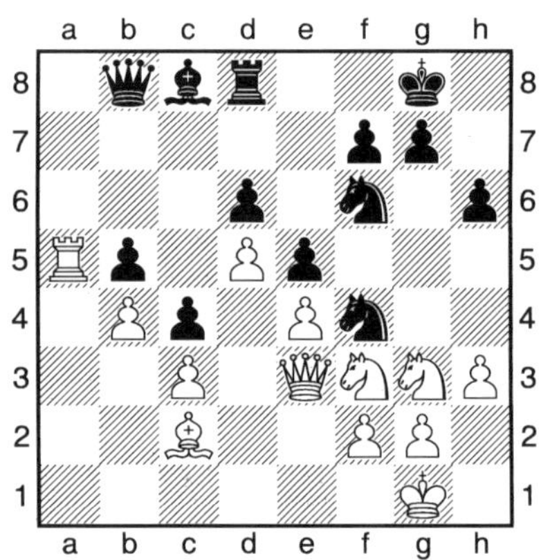

27...♗d7 28.♘f1 ♕c8 29.♘e1 g5 30.♗d1 ♔g7 31.♘d2

31.♘g3 ♕b7 32.♖a7 ♕b8 33.♖a6⩲

31...♖h8 32.♕b6 ♗xh3?

32...♕b8 33.♕xb8 ♖xb8 34.♘c2⩲

33.♕xd6 ♗xg2?

33...♖d8 34.♕xe5±

34.♘xg2 ♕h3 35.♘e3+– ♖e8 36.♖a6 ♘g8 37.♗g4 ♘e2+ 38.♗xe2 h5 39.♘f5+ ♔h7 40.♘f3 ♕g4+ 41.♔f1 ♕f4 42.♕d7 ♖f8 43.♘e3 ♘h6 44.♕e7 ♖g8 45.♖f6

♕xe4 46.♕xe5 ♕b1+ 47.♘e1 g4 48.♕xh5 ♖g6 49.♖xg6 fxg6 50.♕e5 ♘f5 51.♘xf5 gxf5 52.d6 1–0

Partie 37

Firouzja, Alireza (2754)

Nepomniachtchi, Ian (2792) [C54]

Stavanger 2021

1.e4 e5 2.♘f3 ♘c6 3.♗c4 ♘f6 4.d3 ♗c5 5.c3 d6 6.0–0 0–0 7.♖e1 a5 8.h3 ♗a7 9.a4 h6 10.♘bd2 ♗e6 11.♗xe6 fxe6 12.♘c4 ♘h5 13.♗e3 ♗xe3 14.♖xe3

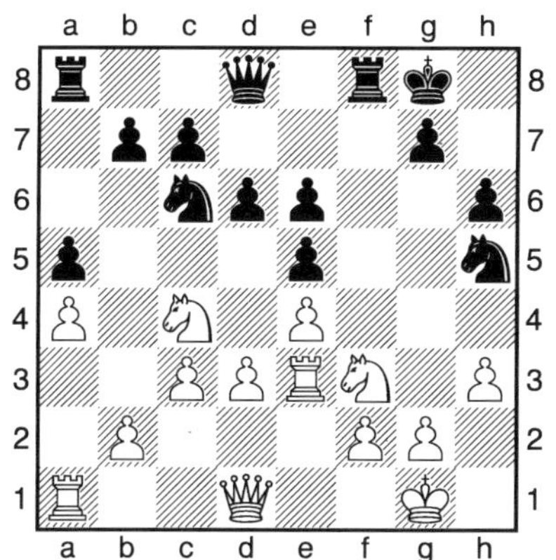

14...♘f4 15.♘cd2

15.♔h2 ♕f6 16.♕c2 ♖ad8 17.♖f1∞

15...♕f6 (15...d5!∓) **16.♘h2 ♔h8 17.♕f1 ♖f7 18.♘df3 ♖af8 19.g3 ♘h5 20.♖d1 ♕e7 21.♔g2 ♕e8 22.♖d2 ♘e7 23.♕d1 ♘g6 24.d4**

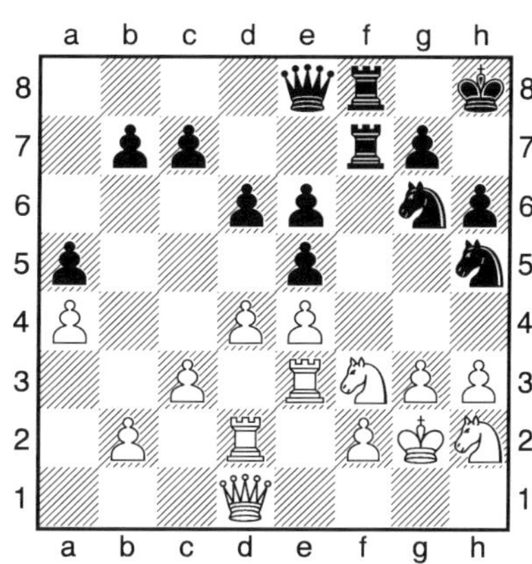

24...exd4 25.cxd4 ♘f6 26.♕c2 e5?!

26...♖e7 27.♖de2 b6±

27.dxe5! dxe5 28.♖c3 c6 29.♖d6 ♖d7 30.♖cd3 ♖ff7

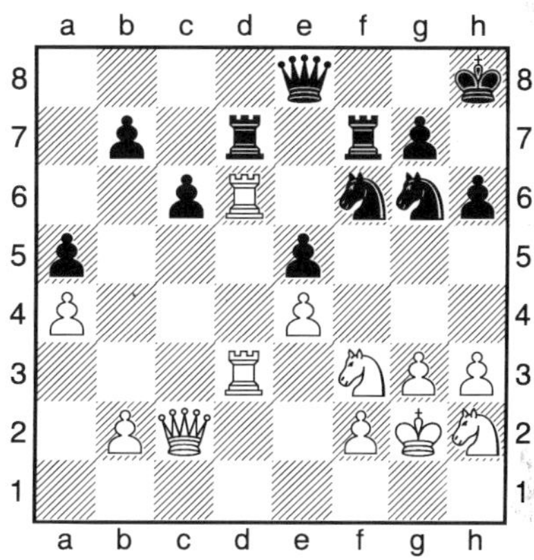

31.♘f1 ♖xd6 32.♖xd6 ♖d7 33.♖xd7 ♕xd7 34.♘1d2 ♘h5 35.♔h2 ♘f6 36.♕c3 ♕c7 37.♔g2 c5? 38.♕d3

38.b3 b6 39.♘c4

38...♘e7 39.♘c4 ♘c6 40.♕d6 ♕d7 41.♘fxe5 ♘xe5 42.♕xe5 ♕xa4 43.♕xc5

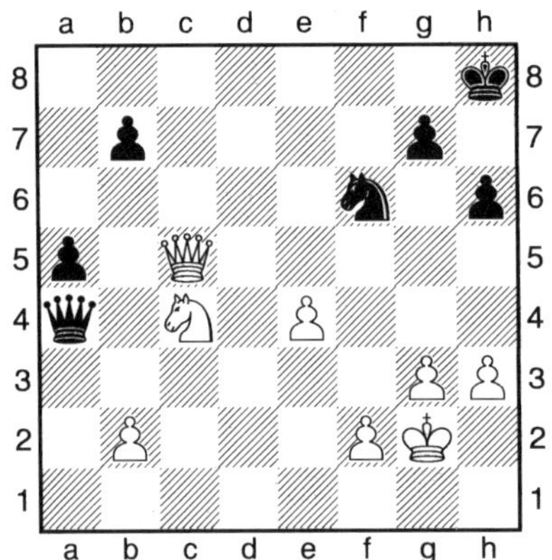

43...♕c2 44.e5 ♘g8 45.♕d5 ♕b3 46.e6 b5 47.♕a8 ♔h7 48.♕e4+ ♔h8 49.♘xa5 ♕xb2 50.e7 ♘xe7 51.♕xe7 b4 52.♕e8+ ♔h7 53.♕e4+ ♔h8 54.♕d5 ♕a3 55.♘b3 ♕a4 56.♘d4 ♕e8 57.♕b7 1–0

Partie 38

Anand, Viswanathan (2756)

Kramnik, Vladimir (2753) [C54]

Amsterdam Rapid 2019

1.e4 e5 2.♘f3 ♘c6 3.♗c4 ♗c5 4.0–0 ♘f6 5.d3 d6 6.c3 a6 7.a4 ♗a7 8.♖e1 0–0 9.h3 h6 10.♘bd2 ♗e6 11.♗xe6 fxe6 12.b4 ♘h5 13.♖a2 ♘f4 14.♘c4 b5

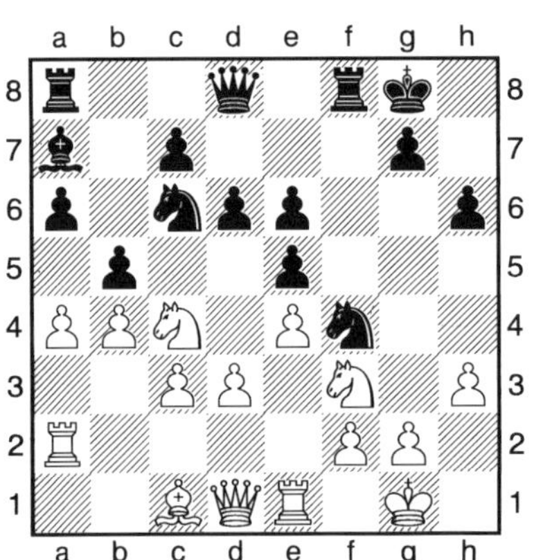

15.♗xf4 bxc4?!

15...♖xf4 16.♘e3 ♖b8 17.axb5 axb5 18.♘g4±

16.♗e3 ♗xe3 17.♖xe3 cxd3 18.♕xd3 ♘e7 19.c4 ♕b8 20.♕d2±

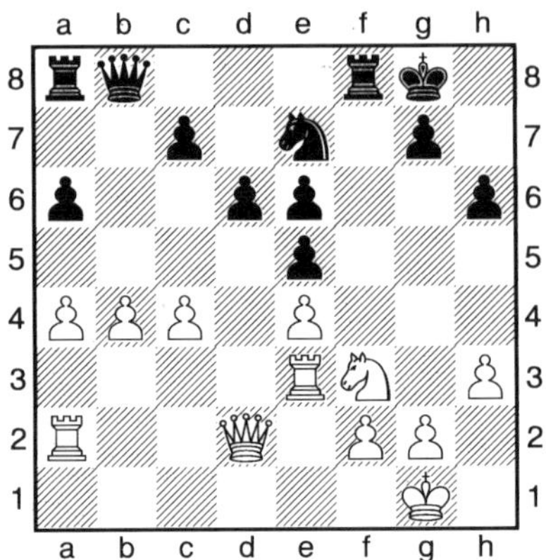

20...♕b7 21.♘e1?!

21.b5 axb5 22.cxb5±

21...♖ad8

21...♘c6 22.♘c2 ♘d4±

22.b5 ♘g6 23.♘d3 axb5 24.cxb5 ♖a8 25.♘b4 ♘f4 26.♘c6 ♔h7 27.♔h2 ♖f6

27...♖xa4!? 28.♖xa4 ♕xb5 29.♕c2 ♕f1 30.f3 ♖f6

28.g3 ♘g6 29.♖b3 ♘f8 30.a5

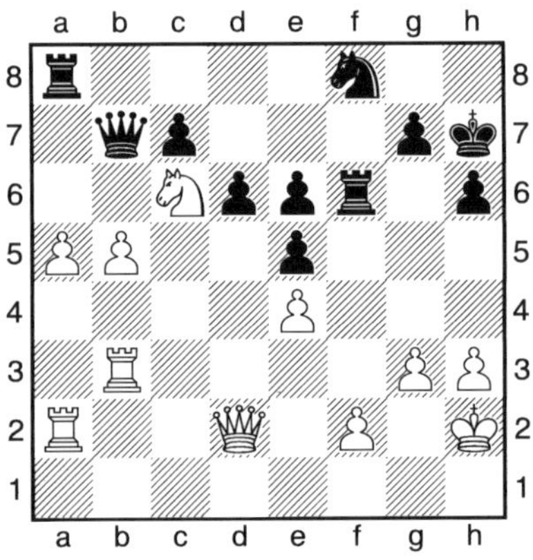

30...♘d7 31.a6 ♕c8 32.♕e2 ♕e8 33.♖f3

♕f7 34.♖xf6 gxf6 35.♖c2 ♘b6 36.♘a5 f5 37.♖c6 ♖f8 38.♕c2 ♘a8 39.exf5 exf5 40.b6 cxb6 41.♘c4 ♔g7 42.♖xd6 f4 43.g4 f3 44.♕e4 1–0

Partie 39

Arjun, Kalyan (2477)

Bacrot, Etienne (2673) [C54]

Chess.com INT 2020

1.e4 e5 2.♘f3 ♘c6 3.♗c4 ♗c5 4.c3 ♘f6 5.d3 d6 6.0–0 a6 7.a4 0–0 8.♖e1 ♗a7 9.h3 h6 10.♘bd2 ♗e6 11.♗xe6 fxe6 12.b4 ♘e7 13.♖a2 ♘g6 14.♘f1 ♕e8 15.♗e3 ♘h5 16.g3 ♗b8?! 17.d4

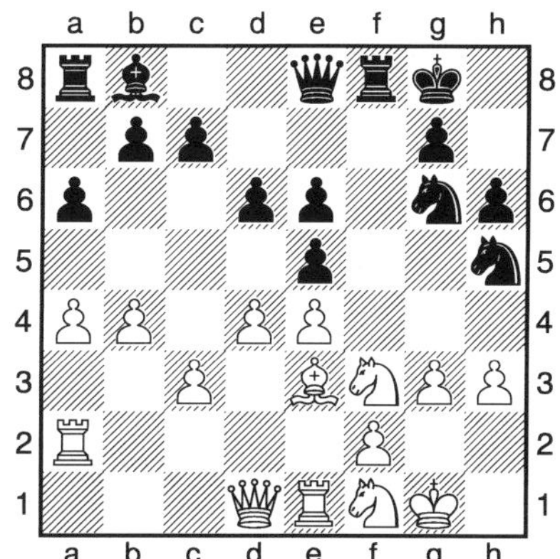

17...♘f6 18.♗c1?!

18.dxe5 ♘xe4 19.♗d4 d5 20.♘1d2 ♘xd2 21.♘xd2 a5 22.b5±

18...♗a7 19.♔g2 ♕c6 20.♕d3 ♕e8

20...b5! 21.axb5 axb5 22.♘1d2=

21.dxe5 dxe5 22.♗e3 ♖d8 23.♕c4 ♗b8?!

23...♗xe3 24.♖xe3 ♖d7 25.a5±

24.b5 a5 25.♘1h2 ♔h7 26.♘g4

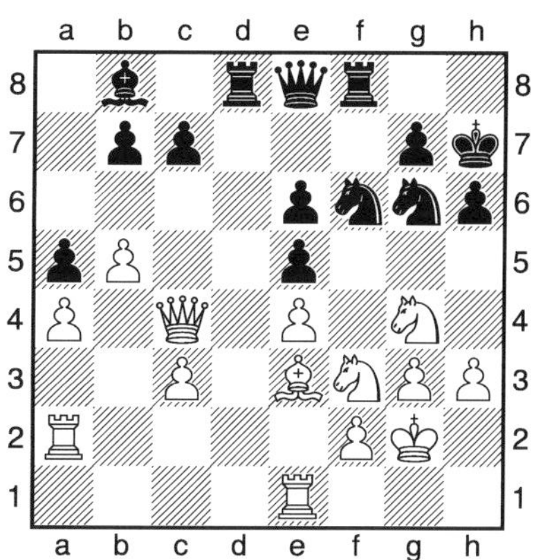

26...c6 27.bxc6 bxc6 28.♖b2 ♘h5 29.♖b7+– ♖f7 30.♖eb1 ♗c7 31.♖a7 ♕f8 32.♘gh2 ♕e8 33.♘g4 ♗d6 34.♖bb7 ♖dd7 35.♕xc6 ♖xb7 36.♕xe8 ♖xa7 37.♗xa7 ♖xa7 38.♕c6 ♗f8 39.c4 ♖f7 40.♘fxe5 ♘xe5 41.♘xe5 ♖e7 42.c5 ♘f6 43.♕a8 1–0

Partie 40

Hansen, Sune Berg (2574)

Amin, Bassem (2685) [C54]

Bundesliga 2019

1.e4 e5 2.♘f3 ♘c6 3.♗c4 ♘f6 4.d3 ♗c5 5.0–0 d6 6.c3 0–0 7.a4 a6 8.h3 ♗a7 9.♖e1 h6 10.♘bd2 ♗e6 11.♗xe6 fxe6 12.♘f1 ♘h5 13.♗e3 ♗xe3 14.fxe3?!

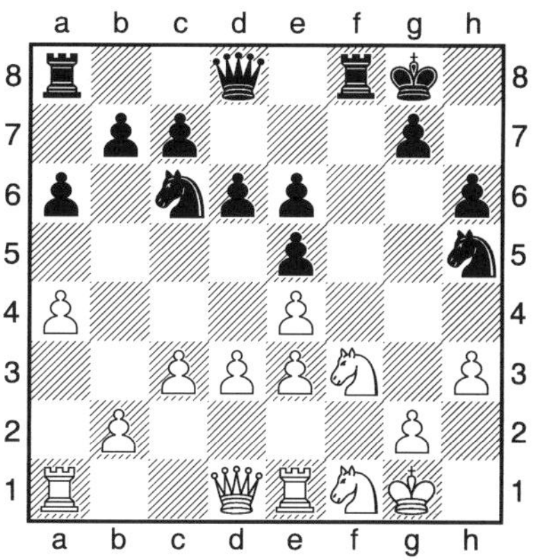

14...a5 15.♕e2 ♕e8 16.♔h2 ♘f6 17.♘g3 ♖d8 18.♖f1 d5!?

18...♘e7 19.♖f2 ♘g6 20.b4=

19.exd5 exd5 20.e4 ♕e6 21.♖f2 b6 22.♖af1 ♘d7?! 23.♘h4

23.exd5 ♕xd5 24.♘h4 ♖xf2 25.♖xf2±

23...♖xf2 24.♖xf2 d4 25.♘gf5 ♘f6 26.♕f3 ♔h7 27.♘xg7

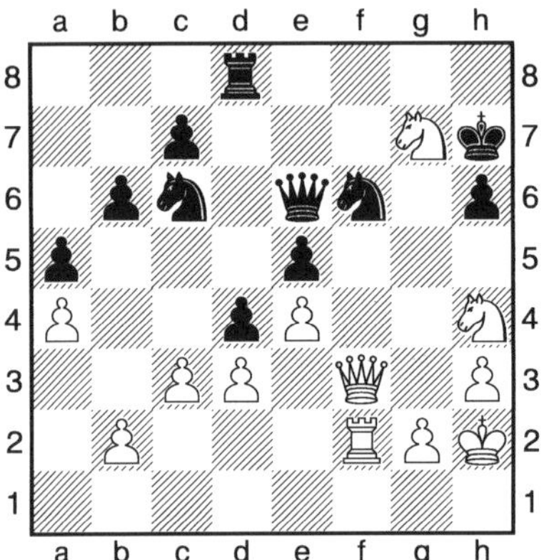

27...♔xg7 28.♕g3+ ♔h8 29.♕g6 ♘g4+ 30.♕xg4 ♕xg4 31.hxg4 dxc3 32.bxc3 ♔g7 33.♖f3 ♘e7 34.♘f5+ ♘xf5 35.gxf5 b5 36.axb5 a4 37.♖g3+ ♔f7 38.♖g6 ♖xd3 39.♖c6 a3 40.♖xc7+ ♔f6 41.b6 a2 42.b7 a1♕ 43.b8♕ ♔g5 44.♕b6 ♖xc3 45.♖g7+ ♔f4 46.♕xh6+ ♔xe4 47.♕h4+ ♔d5 48.♖d7+ ♔c6 49.♕e7 ♕a3 50.♕e6+ ♔b5 51.♖b7+ ♔c5 52.♕xe5+ 1–0

Partie 41

Giri, Anish (2780)

Tutisani, Noe (2471) [C54]

Olympiade Batumi 2018

1.e4 e5 2.♘f3 ♘c6 3.♗c4 ♗c5 4.c3 ♘f6 5.d3 a6 6.a4 d6 7.0–0 0–0 8.♖e1 h6 9.♘bd2 ♗e6 10.♗xe6 fxe6 11.b4 ♗a7 12.♘f1 ♕e8 13.♖a2 b5 14.♗e3 ♗xe3 15.♘xe3 ♕g6 16.g3 ♕f7 17.♔g2

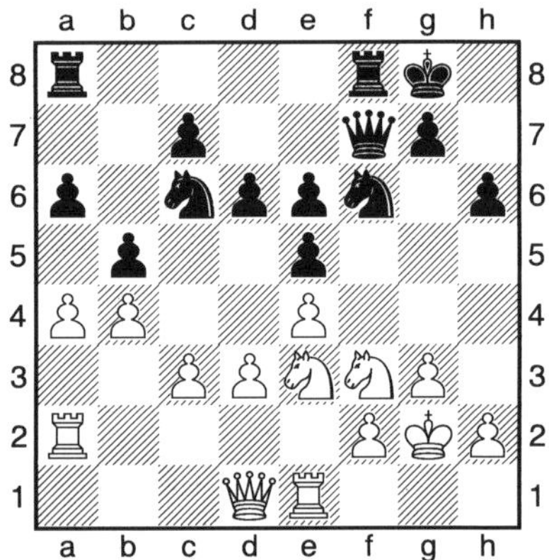

17...♘d7 18.♕e2 ♘b6 19.axb5 axb5 20.♖xa8 ♖xa8 21.♖c1 ♕g6 22.♘f1 ♕f6 23.h4 ♘d7 24.♘1h2 ♕g6 25.♕e1

25.d4!? exd4 26.cxd4 ♘xb4 27.♕xb5

25...d5 26.♘f1 ♖f8?!

26...♘f6 27.♘1d2 ♖a3=

27.♘1d2 ♕f6 28.♕e2 ♘b6 29.♘b3 ♘d7 30.♖a1

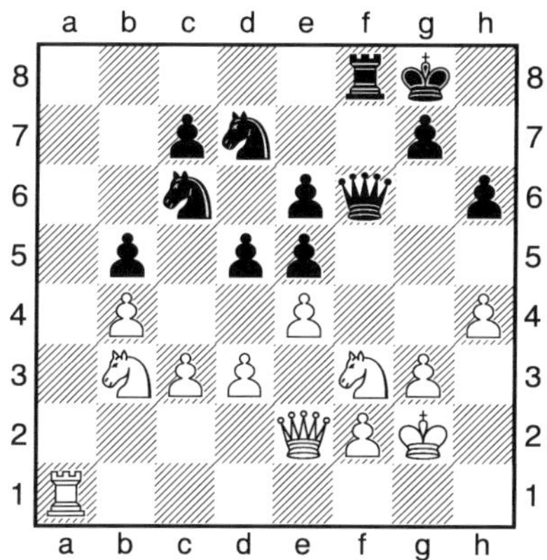

30...♘b6 31.♘c5 d4 32.cxd4 exd4 33.♖c1 e5 34.h5 ♔h7 35.♘h4 ♖a8? 36.♕g4 ♕g5 37.♕xg5 hxg5 38.♘e6!+– gxh4 39.♖xc6 hxg3 40.fxg3 ♖c8 41.♔f3

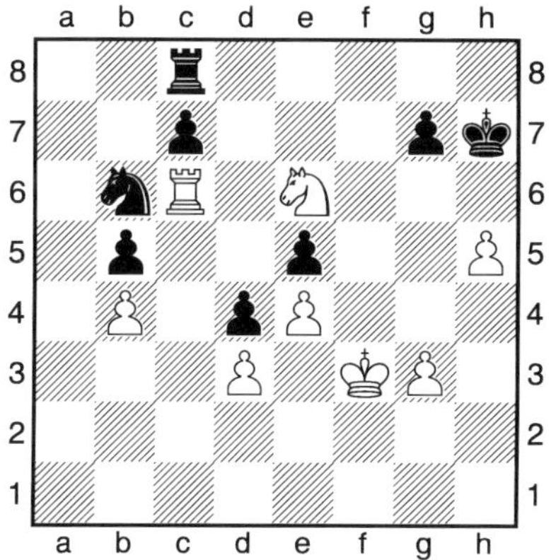

41...♘a4 42.♔g4 ♘b2 43.♘c5 ♖f8 44.♖xc7 ♖f6 45.♖e7 ♘d1 46.♘e6 ♔h6 47.♘xg7 ♘e3+ 48.♔h4 ♘g2+ 49.♔h3 ♘e3 50.♘f5+ ♔xh5 51.♖h7+ 1–0

Partie 42

Giri, Anish (2764)

Sychev, Klementy (2572) [C54]

Chess.com INT 2020

1.e4 e5 2.♘f3 ♘c6 3.♗c4 ♘f6 4.d3 ♗c5 5.0–0 a6 6.c3 d6 7.♘bd2 ♗a7 8.a4 0–0 9.h3 ♔h8 10.b4 ♘g8

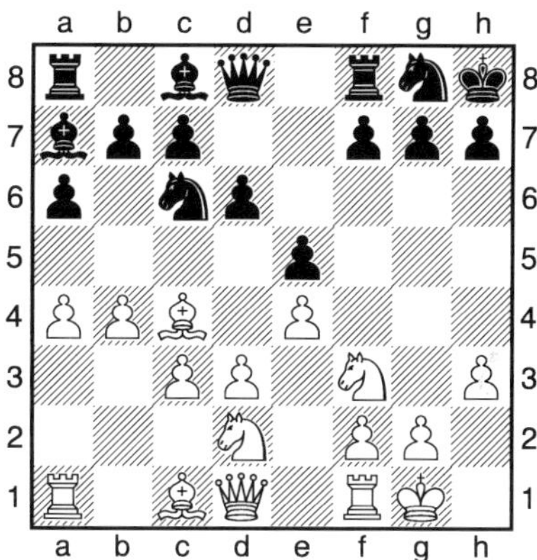

11.♗a2 f5 12.b5 axb5 13.axb5 ♘ce7 14.d4! exd4 15.cxd4

15.♗xg8!? ♘xg8 16.b6 cxb6 17.cxd4±

15...fxe4 16.♘xe4 ♗b6 17.♗g5

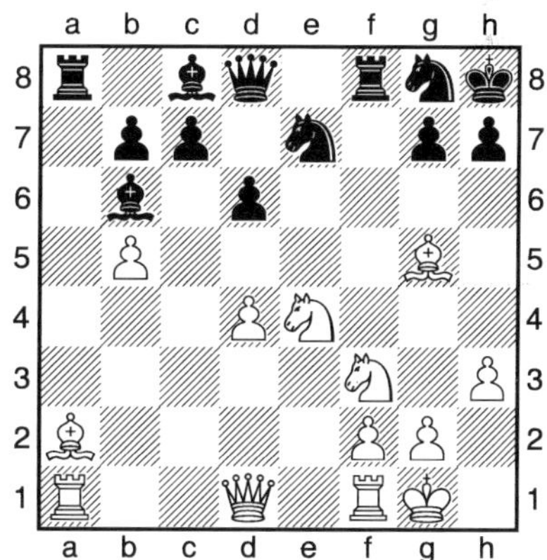

17...h6 18.♗h4 ♕d7 19.♕e2?!

19.♘c3!? ♖a3 20.♗xe7 ♘xe7 21.♕c1 ♖a8 22.♕e3

19...♘f5?

19...♘g6 20.♗g3∞

20.♗e6! ♖xa1

20...♕xe6 21.♖xa8 ♖e8 22.♖e1

21.♗xd7 ♖xf1+ 22.♕xf1+– ♗xd7 23.♕d3 ♘ge7 24.♘g3 ♘xg3 25.♗xe7 ♖e8 26.♘h4 ♘h5 27.♕f3 1–0

Partie 43

Giri, Anish (2764)

Salinas Herrera, Pablo (2514) [C54]

Chess.com INT 2020

1.e4 e5 2.♘f3 ♘c6 3.♗c4 ♗c5 4.c3 ♘f6 5.d3 0–0 6.♘bd2 d6 7.h3 ♗b6 8.0–0 ♘e7 9.♗b3 c6 10.♖e1 ♘g6 11.d4 ♖e8 12.♗c2 h6 13.♘f1 ♗e6 14.♘g3 ♕c7 15.♗e3 ♖ad8 16.♕c1

16.a4! a5 17.♕c1± ♔h7 18.♖a3

16...♔h7 17.a4 a5 18.b4!?

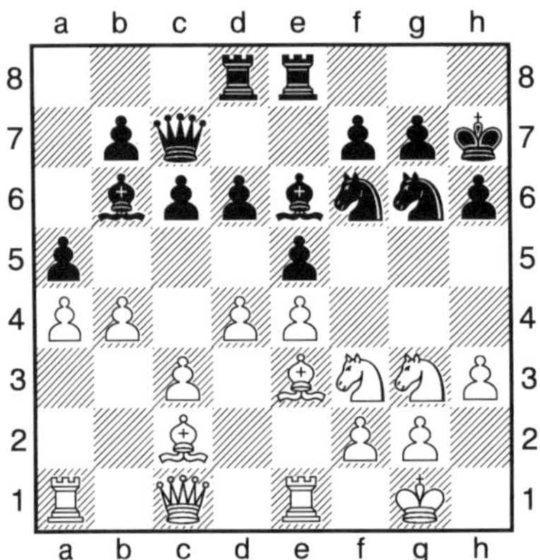

18...axb4

18...exd4 19.♘xd4 ♗c8 20.f4±

19.cxb4 ♗a7 20.♖a3 ♕b8 21.♘f5 ♘g8 22.♕b2 f6 23.♘g3 ♕c8 24.♔h2 ♗b8 25.♕b1 ♔h8 26.d5 ♗f7 27.♖c3

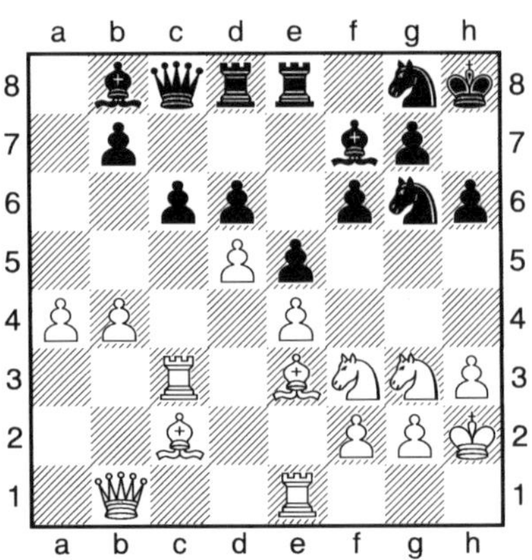

27...♘6e7 28.b5 c5 29.b6? g5?

29...f5 30.♘h4 f4 31.♗d2 fxg3+ 32.fxg3∞

30.♖d1 ♘g6 31.♘f5 ♘f4 32.g3 ♘g6 33.♔g2 ♘6e7 34.g4 ♘g6 35.h4 ♘f4+ 36.♗xf4 gxf4 37.h5+– ♔h7 38.♘3h4 ♘e7 39.f3 ♕d7 40.a5 ♖g8 41.♔f2 ♘xf5 42.♘xf5 ♖g5 43.♖h1 ♗e8 44.♖c4 ♕f7 45.♗a4 ♗xa4 46.♖xa4

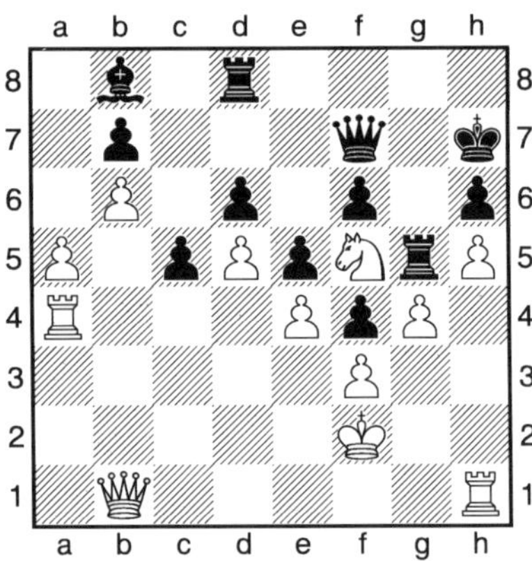

46...♕d7 47.♖c4 ♖dg8 48.♕b3 ♖d8 49.♖c2 ♖dg8 50.♕c4 ♖f8 51.♖b2 ♖f7 52.♔e2 ♖f8 53.♔d3 ♖fg8 54.♕b5 ♕f7 55.♔c4 ♕f8 56.a6 bxa6 57.♕xa6 ♕e8 58.♖a2 ♕f8 59.♕b7+ ♔h8 60.♖a8 ♕e8 61.♖ha1 ♖f8 62.♖1a7 1–0

Partie 44

Giri, Anish (2777)

Matlakov, Maxim (2683) [C54]

Yasnaya Polyana 2021

1.e4 e5 2.♘f3 ♘c6 3.♗c4 ♘f6 4.d3 ♗c5 5.0–0 d6 6.c3 a6 7.♖e1 ♗a7 8.♘bd2 0–0 9.♘f1 h6 10.a4 ♖e8 11.♗e3 ♗xe3 12.♘xe3 ♗e6 13.♗xe6 ♖xe6 14.b4 ♕d7 15.♕c2 a5 16.b5 ♘e7

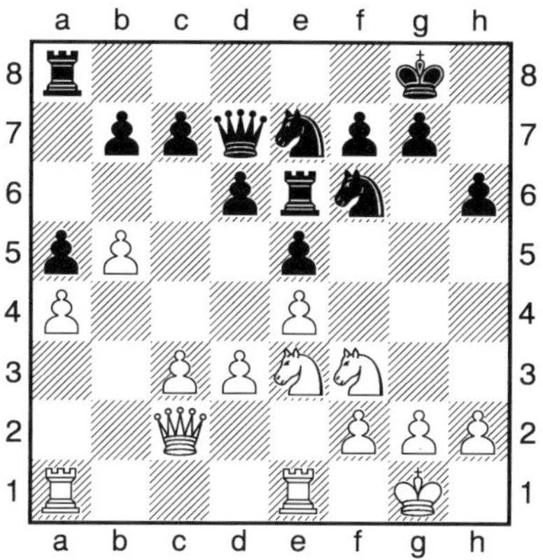

17.g3 ♖e8 18.c4 ♕d8 19.♖ad1 ♘g6 20.♘f5 ♕b8 21.♖c1 ♘d7 22.d4 exd4?

22...b6 23.♖cd1 ♕c8 24.♖e2±

23.♘3xd4

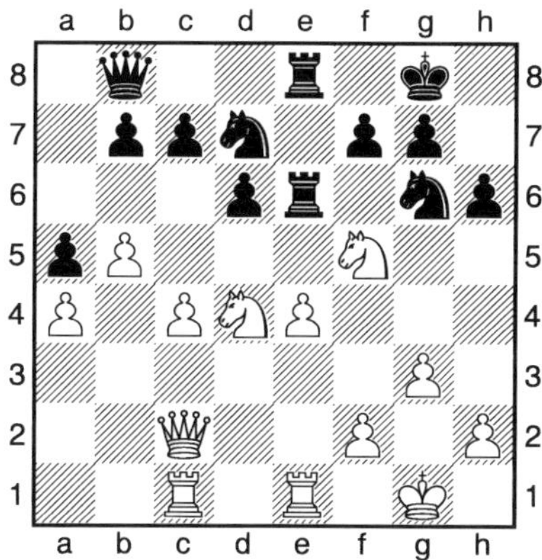

23...♖f6± 24.♔g2 ♘c5 25.♖e3 ♘f8

26.♖ce1 ♘fe6 27.e5!?

27.♘f3 ♕c8 28.h3 b6 29.h4±

27...dxe5

27...♘xd4 28.♘xd4 ♖xe5 29.♖xe5 dxe5 30.♖xe5 ♘d7±

28.♖xe5 ♕d8 29.♕d1 b6 30.♖d5 ♕a8 31.♘c6+– ♔f8 32.♔g1 ♕c8 33.♕c2 ♘d7 34.♘d6

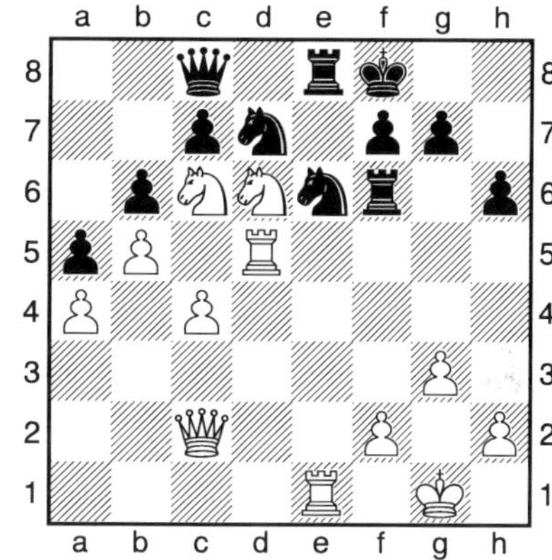

1–0

Partie 45

Giri, Anish (2764)

Carlsen, Magnus (2863) [C54]

chess24.com INT 2020

1.e4 e5 2.♘f3 ♘c6 3.♗c4 ♗c5 4.c3 d6 5.d3 ♘f6 6.0–0 h6 7.♘bd2 0–0 8.♖e1 ♖e8 9.b4 ♗b6 10.a4 a5 11.b5 ♘e7 12.♕b3 ♖f8 13.d4±

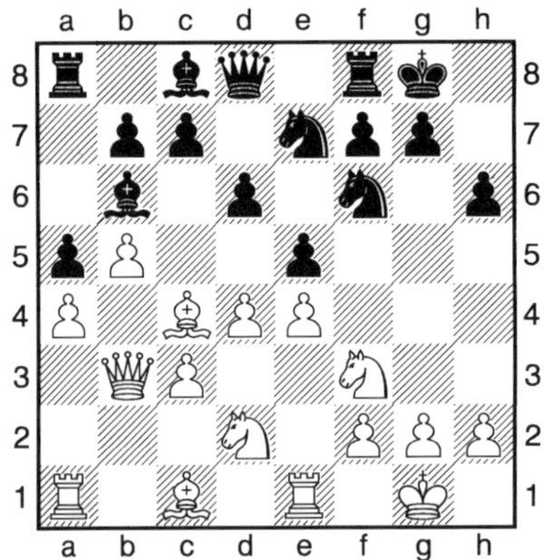

13...♘g6 14.h3 ♘h5 15.♗f1 ♕f6

15...♗e6 16.♘c4±

16.♕d1! exd4 17.cxd4 ♗xd4 18.e5! ♗xf2+

18...♗xe5 19.♘xe5

19.♔xf2 ♘xe5 20.♖a3+–

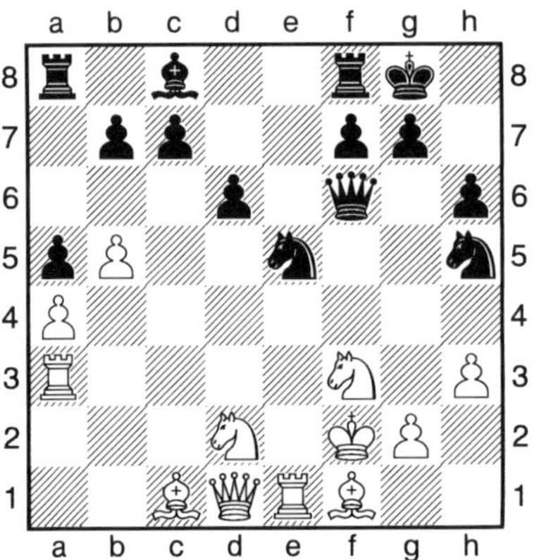

20...♗f5 21.♔g1 ♖ae8 22.♘xe5 ♖xe5 23.♖xe5 ♕xe5 24.♘c4 ♕c5+ 25.♗e3 ♕b4 26.♕xh5 ♗e6 27.♗d2 ♕b1 28.♖c3 1–0

Partie 46

Ganguly, Surya Shekhar (2627)

Vogel, Roven (2452) [C54]

Wijk aan Zee 2022

1.e4 e5 2.♘f3 ♘c6 3.♗c4 ♘f6 4.d3 ♗c5 5.c3 d6 6.a4 a6 7.0–0 ♗a7 8.♖e1 h6 9.♘bd2 0–0 10.h3 ♘e7 11.♘f1 ♘g6 12.♘g3 c6 13.♗b3 d5 14.exd5 ♘xd5 15.d4

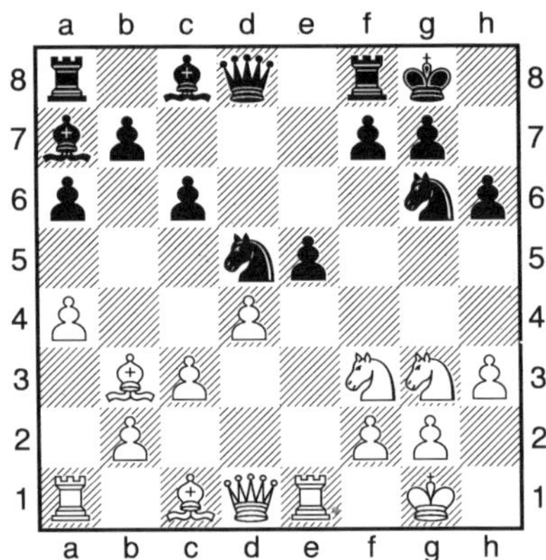

15...exd4 16.♘xd4 ♖e8 17.♖xe8+ ♕xe8 18.♗xd5 cxd5 19.♗e3 ♗b8 20.♕d2 ♗xg3!?

20...♗d7 21.b3 ♕e7 22.♖d1=

21.fxg3 ♕e5 22.♗f4 ♘xf4 23.♕xf4 f6

23...♕xf4 24.gxf4 a5±

24.♔f2 ♗d7 25.♖e1

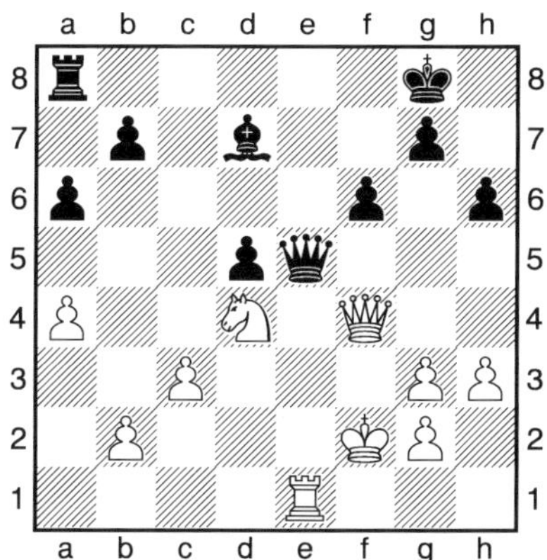

25...♕xf4+ 26.gxf4 ♔f7 27.a5 g5 28.♖a1 ♖c8 29.♖a3 ♖c5 30.♔g3 ♗c8 31.h4 ♖c7 32.♖a1 ♖e7 33.fxg5 hxg5 34.hxg5 fxg5 35.♖f1+ ♔g6 36.♖f8 ♗d7

36...♖c7 37.♘f3±

37.♖b8! ♗e8 38.♖d8 ♗d7 39.♘f3 ♔f6 40.♖f8+ ♔g6 41.♖g8+ ♔f6 42.♖xg5

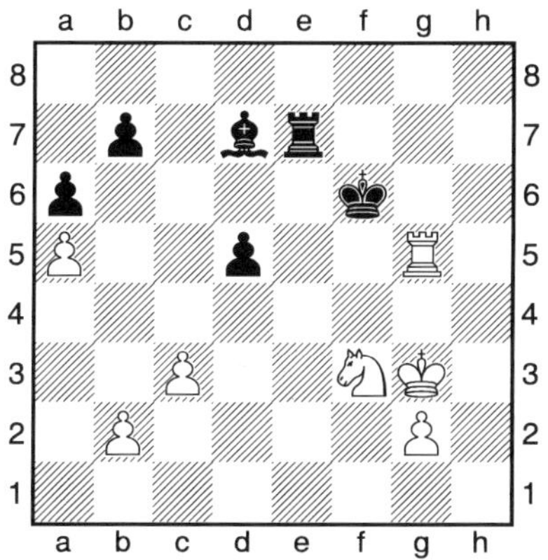

42...d4 43.cxd4 ♖e2 44.♔f4 ♖xb2 45.♘e5 ♗e6 46.♖g6+ ♔e7 47.g4 ♖b4 48.♘f3 ♖b5 49.♖g5 ♖b4 50.♖e5 b5 51.axb6 ♔d6 52.g5 ♖xb6 53.g6+– ♖b8 54.♔g5 ♖b2 55.♔f6 ♗d5 56.g7 ♖b6 57.♔g5 ♖b8 58.♘h4 ♗e6 59.♔f6 ♗g8 60.♘f5+ ♔d7 61.d5 ♖b6+ 62.d6 ♖b5 63.♖e7+ 1–0

Partie 47

Karthik, Venkataraman (2519)
Martirosyan, Haik (2597) [C54]

WM U20 Manavgat 2018

1.e4 e5 2.♘f3 ♘c6 3.♗c4 ♗c5 4.d3 ♘f6 5.0–0 h6 6.c3 d6 7.a4 a6 8.♘bd2 0–0 9.♖e1 ♗a7 10.h3 ♘e7 11.♘f1 ♘g6 12.♘g3 a5 13.d4 exd4 14.♘xd4

14.cxd4! d5 15.exd5 ♘xd5 16.♖a3±

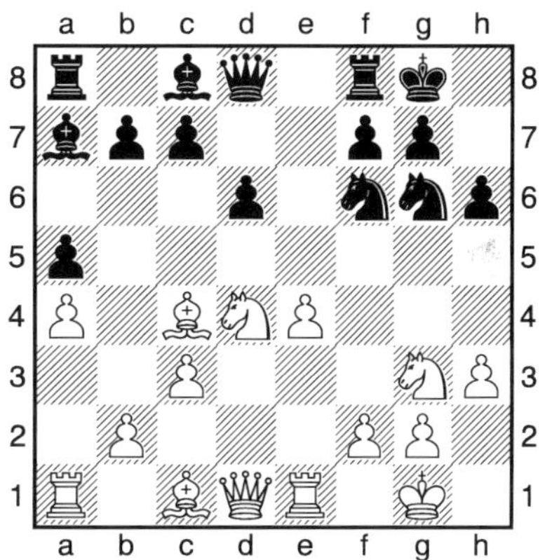

14...c6?!

14...♖e8 15.♗e3 ♗d7±

15.♘df5 d5 16.exd5 ♘xd5 17.♗xd5 cxd5 18.♗e3

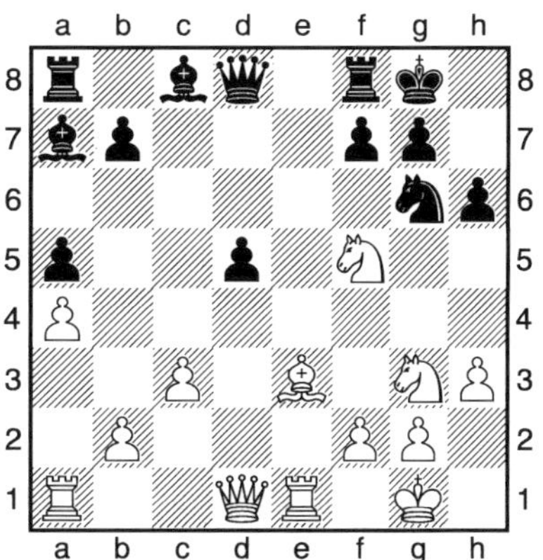

18...♗xf5 19.♘xf5 ♗xe3 20.♖xe3± ♕g5 21.♕g4 ♕xg4 22.hxg4

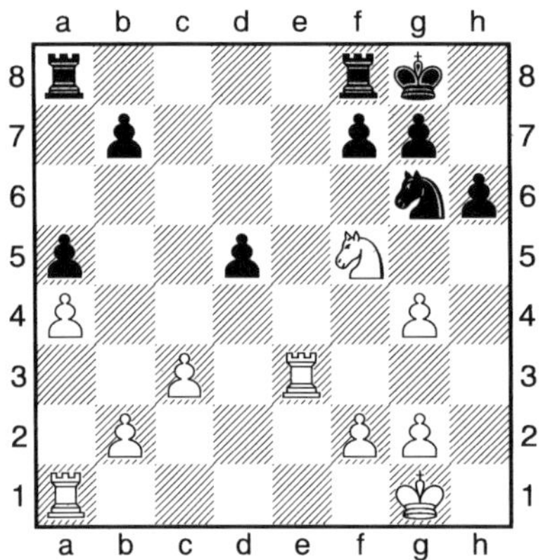

22...♖fd8 23.♖d1 ♖d7 24.f3 ♖ad8 25.♖ed3 ♔f8 26.♘e3 ♘e7 27.♘c4 b6 28.♘xb6 ♖b7 29.♘xd5

29.♘c4 ♖db8 30.♖3d2 g6 31.♘xa5 ♖xb2 32.♖xb2 ♖xb2 33.♖a1±

29...♖xb2 30.♘e3 ♖xd3 31.♖xd3 g6 32.♖d8+ ♔g7 33.♖d7 ♔f8 34.♖a7 ♖e2 35.♘c4 ♖c2 36.♖xa5 ♖xc3 37.♖a8+ ♔g7 38.♘d6 ♖d3 39.♘e8+ ♔f8 40.♘c7+ ♔g7 41.a5 ♘c6 42.a6 ♖a3 43.♖c8 ♘b4 44.♖b8 ♘xa6 45.♖a8 ♘xc7 46.♖xa3 ♘e6 47.♔f2 ♘f8 48.♖a5 ♘h7 49.♔e3 ♔f6 50.♖a6+ ♔g7 51.♔f4 ♘f8 52.♖d6 g5+ 53.♔f5 ♘h7 54.♔e5 ♘f8 55.g3 ♘g6+ 56.♔e4 ♘e7 57.♖a6 ♘g8 58.♔e5 ♘e7 59.♔d6 ♘g8 60.♔e5 ♘e7 61.f4 ♘g6+ 62.♔e4 ♘f8 63.♔f5 gxf4 64.gxf4 ♘g6 65.♔e4 ♘f8 66.♔f3 ♘d7 67.♔g3 ♘f6 68.♔f3 ♔g6 69.♖a1 ♘d7 70.♖g1 ♔g7 71.♔e4 ♔g6 72.♔d5 ♘f8 73.♔e5 ♔g7 74.♔e4 ♘d7 75.♔f5 ♘f8 76.g5 hxg5 77.♖xg5+ ♔h6 78.♖g4 ♘d7 79.♖g1 ♔h7 80.♖d1 1–0

Partie 48

Stukopin, Andrey (2598)

Gonzalez Vidal, Yuri (2559) [C54]

Washington 2018

1.e4 e5 2.♘f3 ♘c6 3.♗c4 ♗c5 4.0–0 ♘f6 5.d3 0–0 6.h3 d6 7.c3 a6 8.a4 h6 9.♖e1 ♗a7 10.♘bd2 ♘e7 11.♘f1 ♘g6 12.♘g3 c6 13.♗b3 ♖e8 14.d4 ♗e6 15.♗c2 ♕c7 16.♗e3

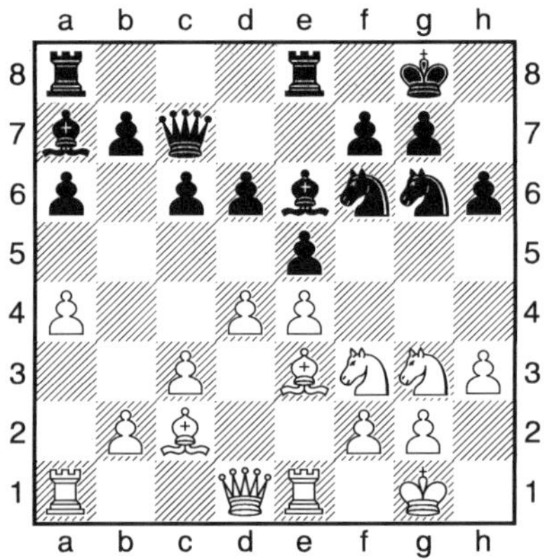

16...♖ad8 17.♕c1 a5 18.♘f5 ♗xf5 19.exf5 ♘f8

19...e4 20.fxg6 exf3 21.gxf7+ ♕xf7 22.gxf3±

20.♗xh6!

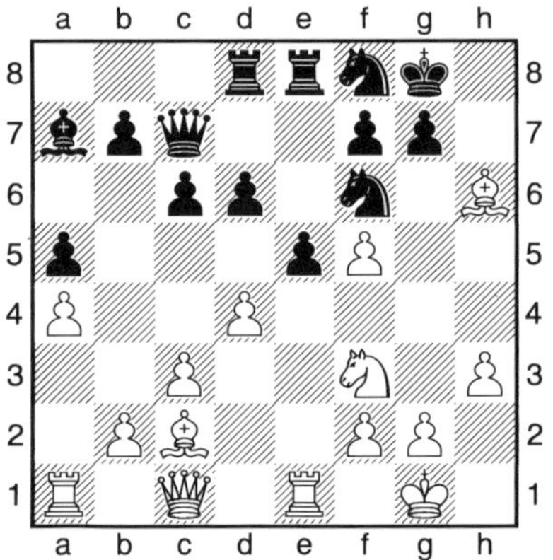

20...gxh6

20...♘8h7 21.♗e3±

21.♕xh6 ♕e7

21...♘8h7 22.♘g5 d5 23.♖e3 exd4 24.♖f3+–

22.♖e3 ♘8h7 23.♘g5 ♕f8 24.♕h4 ♘xg5 25.♕xg5+ ♕g7 26.♕h4

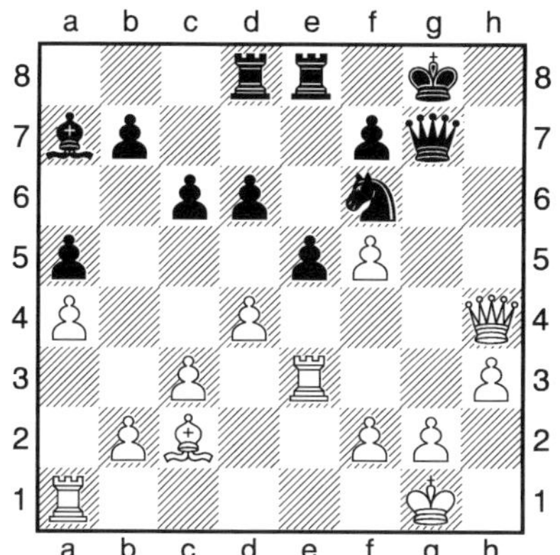

26...exd4 27.♖g3 ♕xg3 28.♕xg3+ ♔f8 29.♕g5 1–0

Partie 49

Antipov, Mikhail Al (2557)

Gledura, Benjamin (2585) [C54]

Corsica Masters Bastia 2016

1.e4 e5 2.♘f3 ♘c6 3.♗c4 ♗c5 4.0–0 ♘f6 5.d3 d6 6.c3 a6 7.a4 ♗a7 8.♖e1 0–0 9.h3 h6 10.♘bd2 ♘h5 11.♘f1 ♕f6 12.♗e3 ♘f4?!

12...♗e6 13.♗xa7 ♖xa7 14.♘e3 ♘f4±

13.d4

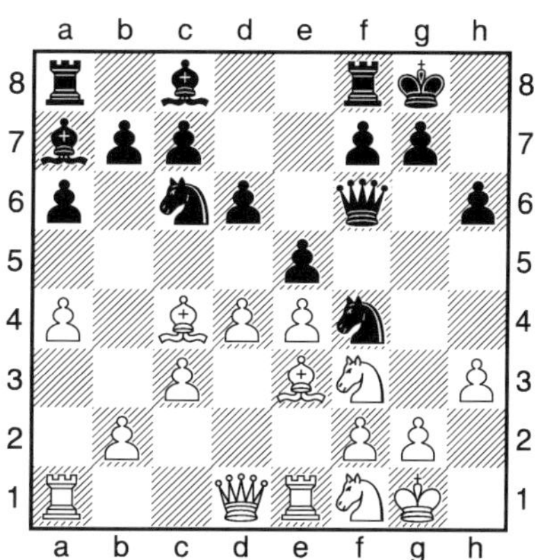

13...♘e7 14.♘1h2 ♘eg6 15.♗f1 ♖e8 16.♕d2?!

16.♕c2 exd4 17.cxd4 c6 18.♖ad1⩲

16...exd4 17.♗xd4 ♕e7

17...♘e5 18.h4 ♘fg6 19.♘xe5 dxe5 20.♗xa7 ♖xa7 21.g3=

18.♖ad1 ♗d7 19.a5 ♗a4 20.♖a1 ♗c6 21.g3 ♘e6 22.♗xa7 ♖xa7 23.♘d4

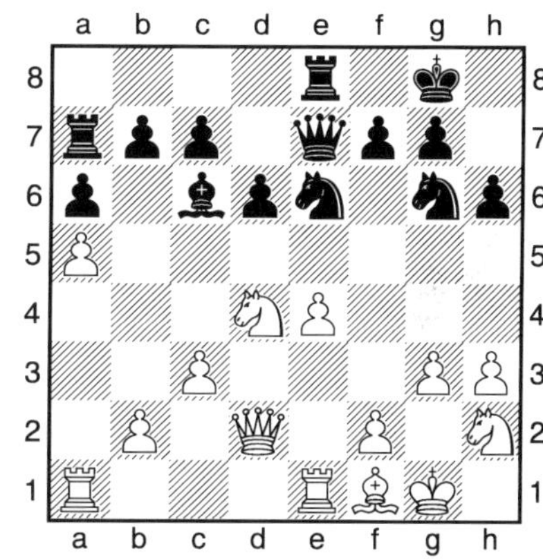

23...♘xd4 24.cxd4 ♖aa8 25.♗g2 ♕d7 26.f4 ♖e7??

26...f5! 27.d5 ♗b5 28.exf5 ♕xf5 29.♘f3±

27.f5 ♘f8 28.f6 ♖ee8 29.fxg7+– ♘h7 30.d5 ♗b5 31.♕xh6 f6 32.♖ac1 ♖ac8 33.♗f3 ♕xg7 34.♕xg7+ ♔xg7 35.♗g4 c5 36.♗xc8 ♖xc8 37.♘f3 ♖e8 38.♘h4 ♘g5 39.♘f5+ ♔g6 40.♘xd6 ♘f3+ 41.♔f2 ♘xe1 42.♖xe1 1–0

Partie 50

Sadhwani, Raunak (2545)

Turgut, Aydin (2269) [C54]

Blitz Lichess.org INT 2020

1.e4 e5 2.♘f3 ♘c6 3.♗c4 ♗c5 4.0–0 ♘f6 5.d3 d6 6.c3 0–0 7.h3 a6 8.a4 ♗a7 9.♖e1 h6 10.♘bd2 ♘h5 11.♘f1 ♕f6 12.♗e3 ♘f4 13.♗xf4 ♕xf4 14.♘e3 ♘e7 15.a5 c6 16.d4

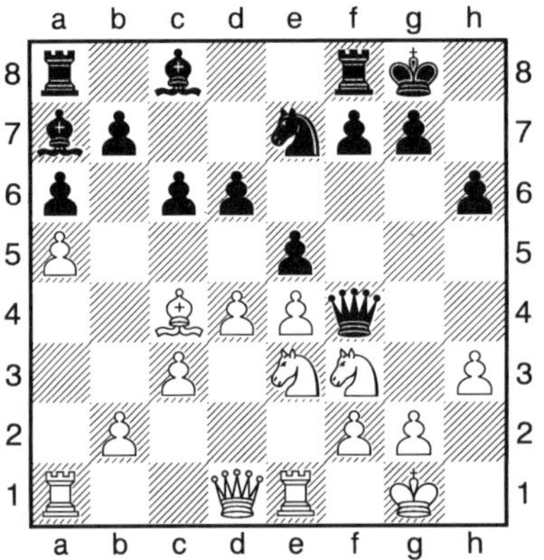

16...♕f6 17.♔h2 ♘g6 18.g3 ♗e6±

18...d5!∓ 19.exd5 e4 20.♘e5 ♕xf2+ 21.♘g2

19.♔g2 ♖ad8 20.♗b3 ♔h8 21.♗c2 ♖fe8 22.h4 d5

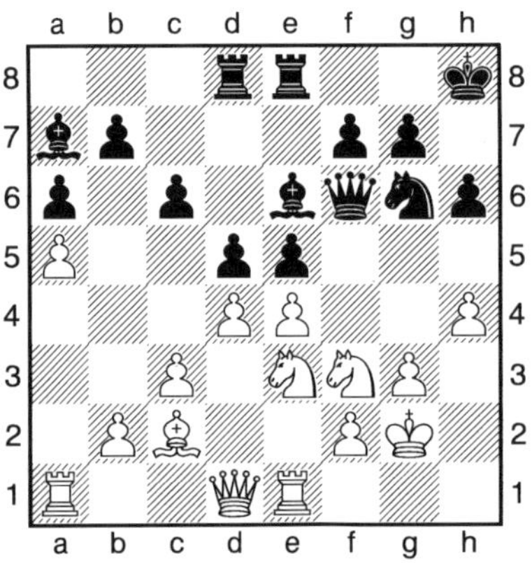

23.exd5 exd4?

23...cxd5 24.dxe5 ♘xe5 25.♘xe5 ♕xe5 26.♘f5±

24.cxd4 cxd5 25.h5 ♘e7 26.♕d3! g6 27.♖h1

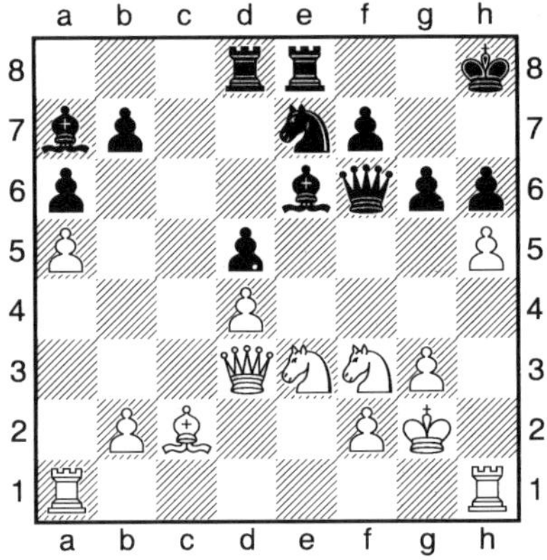

27...♔g7 28.♘e5 ♖h8 29.♖ae1 ♘f5 30.♘3g4 ♕e7 31.hxg6 fxg6 32.♗b1

32.♘xg6!+– ♔xg6 33.♕e3 ♖d6 34.♗xf5+ ♔xf5 35.♕d3+ ♔g5 36.♖e5+ ♔xg4 37.f3#

32...♕g5 33.f4+– ♕e7 34.♖e2 ♗xd4 35.♖he1 ♖d6 36.♘xg6 ♔xg6 37.♖xe6+ ♖xe6 38.♕xf5+ ♔g7 39.♖xe6 ♕f7 40.♖g6+ ♔f8 41.♕c8+ ♔e7 42.♕xb7+ ♔f8 43.♕xf7+ ♔xf7 44.♖xa6 h5 45.♘e5+ ♔e7 46.♘g6+ 1–0

Partie 51

Leko, Peter (2663)

Svidler, Peter (2723) [C54]

chess24.com INT 2020

1.e4 e5 2.♘f3 ♘c6 3.♗c4 ♗c5 4.0–0 ♘f6 5.d3 d6 6.c3 a5 7.♖e1 0–0 8.h3 h6 9.♘bd2 a4 10.♗b5 ♗d7 11.♘f1 ♘e7 12.♗xd7 ♕xd7 13.d4 ♗b6

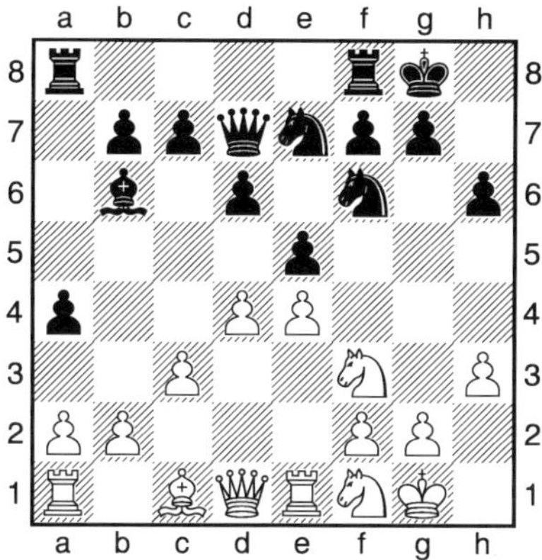

14.♘g3 ♘g6 15.♗e3 exd4 16.cxd4

16.♗xd4 ♗xd4 17.cxd4 ♖fe8 18.♕d2±

16...♖fe8 17.♕d3 c5 18.♖ad1 c4 19.♕c2 ♗a5 20.♖e2 b5 21.d5

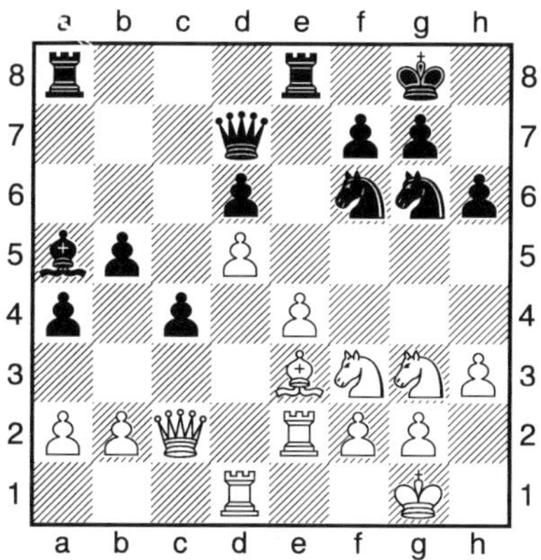

21...♖ac8 22.♘d4 ♘e5 23.♘df5 h5?

23...g6 24.♘xh6+ ♔h7 25.f4±

24.♗d4 g6 25.f4 gxf5 26.♘xf5 ♘xe4 27.♘h6+ ♔h7 28.fxe5+–

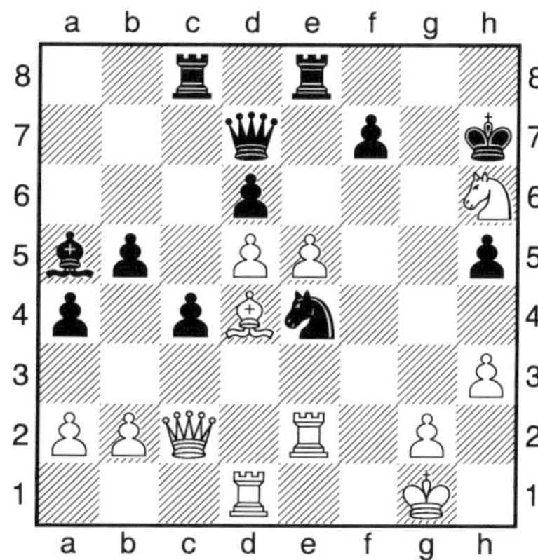

28...dxe5 29.♕xe4+ ♔xh6 30.♗xe5 f5 31.♕f4+ ♔h7 32.♖f1 ♗c7 33.♖fe1 ♗xe5 34.♖xe5 ♖xe5 35.♖xe5 ♖f8 36.♖e6 ♕g7 37.d6 ♖f7 38.d7 1–0

Partie 52

Firouzja, Alireza (2770)

Howell, David (2658) [C54]

Riga 2021

1.e4 e5 2.♘f3 ♘c6 3.♗c4 ♗c5 4.0–0 ♘f6 5.d3 h6 6.c3 d6 7.♖e1 0–0 8.h3 a5 9.♘bd2 ♗e6 10.♗b5 ♗a7 11.♘f1 ♘e7 12.♘g3 c6 13.♗a4 b5 14.♗c2 a4 15.d4

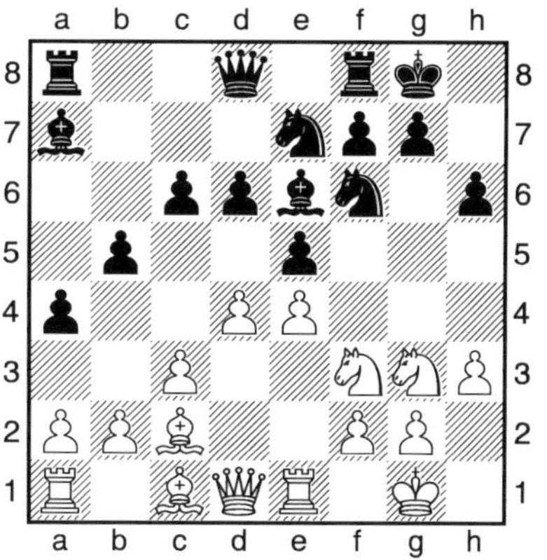

15...♘g6 16.♗e3 ♖e8 17.♗d3

[17.b3 axb3 18.axb3 ♕c7 19.♕d2±

17...♗b6 18.a3 ♕c7 19.♖c1= ♗a5 20.♖e2 ♕b7 21.c4 bxc4 22.♗xc4

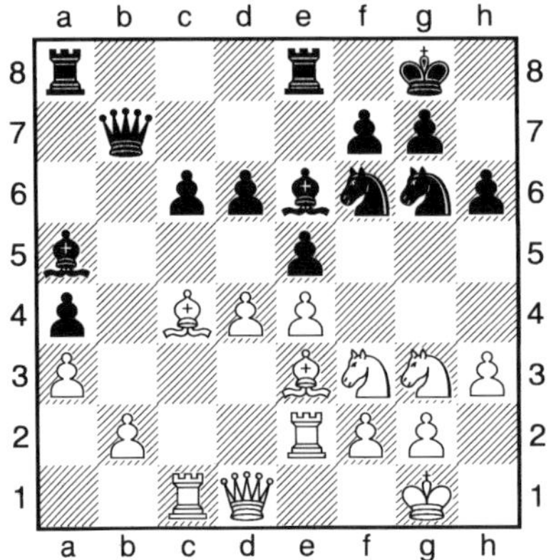

22...d5 23.♗d3

23.exd5 cxd5 24.dxe5 ♘xe5 25.♘xe5 dxc4 26.♘xc4∞

23...exd4 24.♘xd4 ♗d7 25.♘df5 ♗c7 26.exd5 cxd5 27.♗d4±

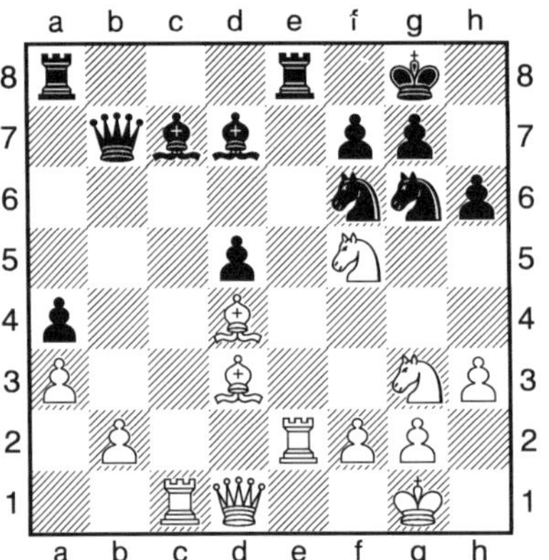

27...♗e5 28.♘xh6+!! gxh6 29.♗xg6 ♗xg3 30.♖xe8+ ♖xe8 31.♕f3

31.fxg3 fxg6 32.♗xf6±

31...♕c6! 32.♗c2± ♗b8 33.♕xf6 ♕xf6 34.♗xf6 ♖c8 35.♗c3 d4 36.♗d2 ♔g7 37.♗d3± ♖xc1+ 38.♗xc1 h5 39.h4 ♗c6 40.g3 ♗d7 41.♔f1 ♗e5 42.♔e2 ♗g4+ 43.♔d2 ♗d7 44.♔c2 ♗e6 45.♗b5 ♗b3+ 46.♔d3 ♔g6 47.♗d7 ♗d1 48.♗d2 f5 49.♗f4 ♗g7 50.♗d6 ♗f6 51.♗e8+ ♔h6 52.♗c5 f4 53.♗xd4 ♗d8 54.♔d2 ♗b3 55.♗e5 fxg3 56.fxg3 ♗a5+ 57.♔c1 1–0

Partie 53

Carlsen, Magnus (2847)

Nakamura, Hikaru (2736) [C54]

chess24.com INT 2021

1.e4 e5 2.♘f3 ♘c6 3.♗c4 ♗c5 4.0–0 ♘f6 5.d3 0–0 6.h3 h6 7.c3 d6 8.♖e1 a5 9.d4 ♗b6 10.♗e3 exd4 11.cxd4 d5 12.exd5 ♘e7 13.♘c3 ♘exd5

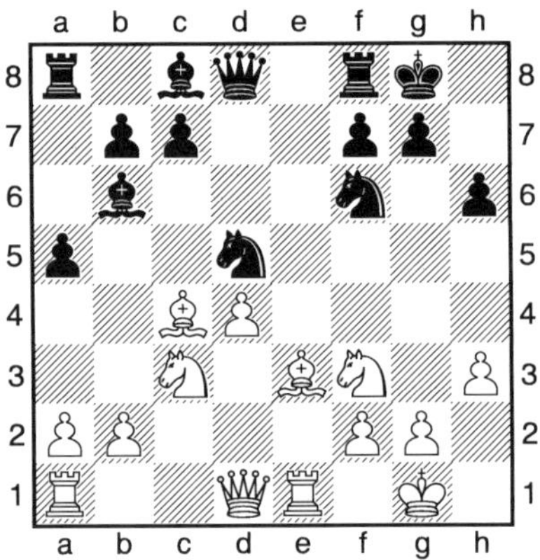

14.♕d2 c6 15.♗xh6!? gxh6 16.♕xh6 ♗f5?

16...♘h7 17.♘xd5 cxd5 18.♗d3 f5 19.♖e3∞

17.♖e5 ♗g6 18.♖g5 ♘h7 19.♖g4 ♖e8 20.♘xd5 cxd5 21.♗d3+–

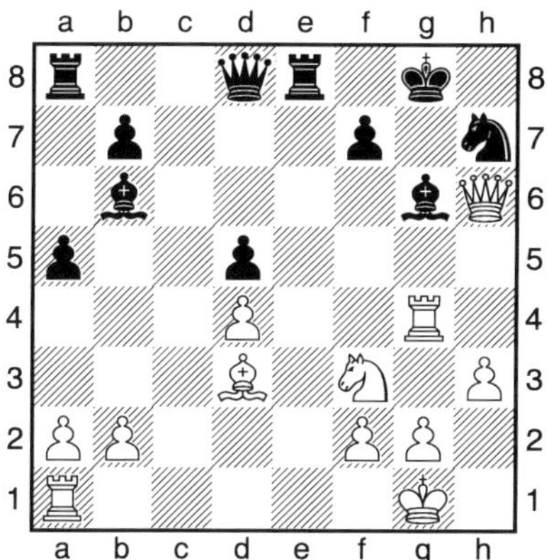

21...♘f8 22.♘e5 ♖e6 23.♗f5 ♖d6 24.♘xg6 fxg6 25.♗xg6 ♖xg6 26.♖xg6+ ♘xg6 27.♕xg6+ ♔h8 28.♕h5+ ♔g8 29.♕g4+ ♔h7 30.♖e1!

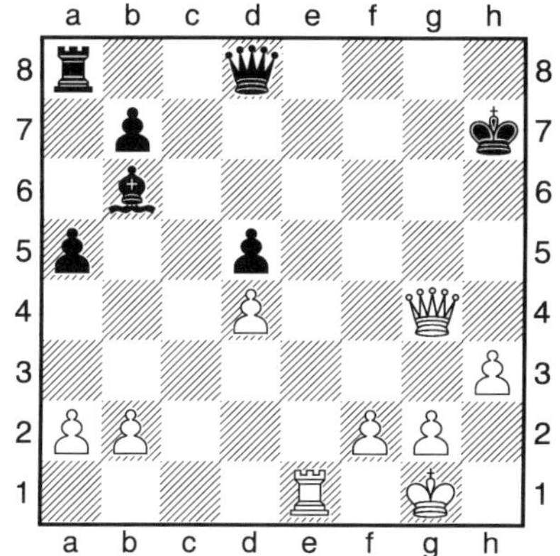

30...♖c8 31.♖e6 1–0

Partie 54

Giri, Anish (2785)

So, Wesley (2770) [C50]

Bilbao 2016

1.e4 e5 2.♘f3 ♘c6 3.♗c4 ♗c5 4.0–0 ♘f6 5.d3 0–0 6.♖e1 a6 7.a4 ♘g4 8.♖f1 h6 9.c3 d6 10.♘bd2 ♗a7 11.h3 ♘f6 12.♖e1 ♘h5 13.♘f1 ♕f6 14.♘e3 ♘f4 15.♘g4 ♕g6 16.♗xf4 exf4 17.d4 ♗xg4 18.hxg4 ♕xg4 19.♕d3

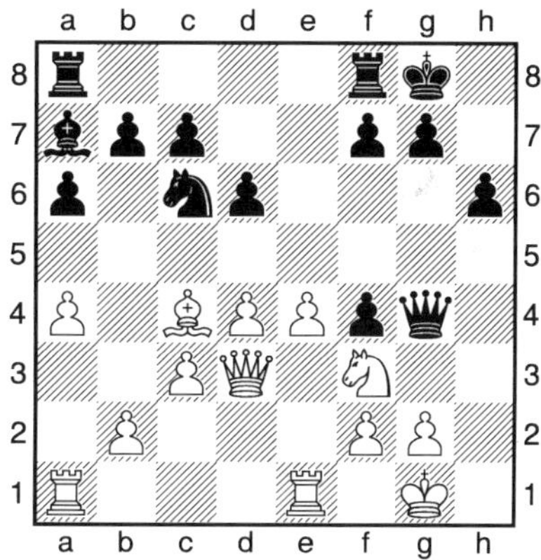

19...♘e7 20.♖e2

20.b4 c6 21.b5 axb5 22.axb5 ♗b6 23.♖xa8 ♖xa8 24.♕b1±

20...♖ad8 21.b4 ♗b8 22.b5 axb5 23.axb5 c6

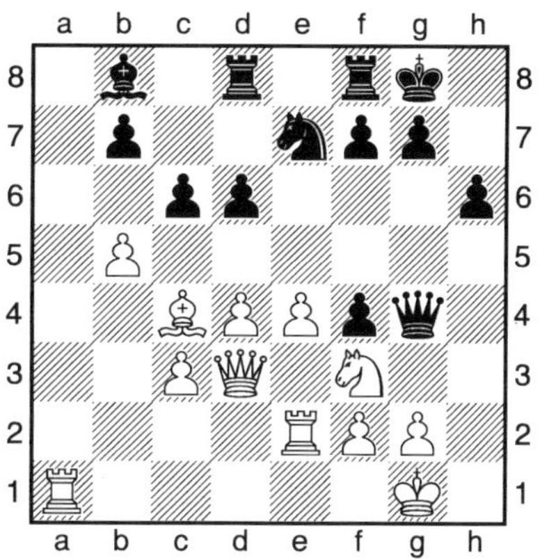

24.♖b1?!

24.bxc6 bxc6 25.♗b3 d5 26.e5!±

24...d5 25.♗a2 dxe4 26.♖xe4 ♗d6 27.bxc6 bxc6 28.♖xe7 ♗xe7 29.♘e5 ♕g5 30.♕c4 ♕f6 31.♖b7 c5 32.♘d7 ♖xd7 33.♖xd7 cxd4 34.♖xd4 ♖d8=

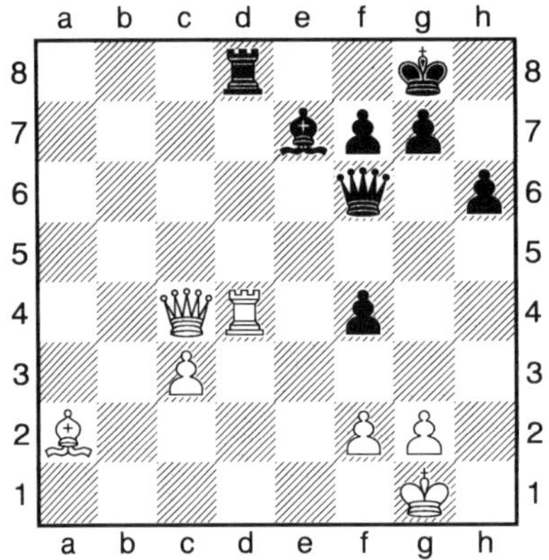

35.♖xd8+ ♗xd8 36.♕e4 ♗e7 37.♕d4 ♕xd4 38.cxd4 ♗f6 39.d5 ♗e7 40.f3 ♗c5+ 41.♔f1 ♔f8 42.♗c4 ♔e7 43.♗b5 ♔d6 44.♗e8 f6 45.♗f7 ♔e5 46.♗e6 f5 47.♗d7 ♔f6 48.♔e2 g6 49.♗e8 g5 50.♗d7 ♗b6 51.♔f1 ♗a7 52.♔e2 ♗c5 53.♔f1 h5 54.♗e8 h4 55.♗d7 ♔e5 56.♔e2 ½–½

Partie 55

Can, Emre (2600)

Pashikian, Arman (2605) [C54]

WM Blitz Moskau 2019

1.e4 e5 2.♘f3 ♘c6 3.♗c4 ♗c5 4.0–0 ♘f6 5.d3 d6 6.c3 a6 7.a4 h6 8.♖e1 0–0 9.h3 a5 10.♘bd2 ♗e6 11.b3 ♖e8 12.♗b5 ♗d7 13.♗b2 ♗a7 14.d4 exd4 15.cxd4 ♘b4 16.♗f1

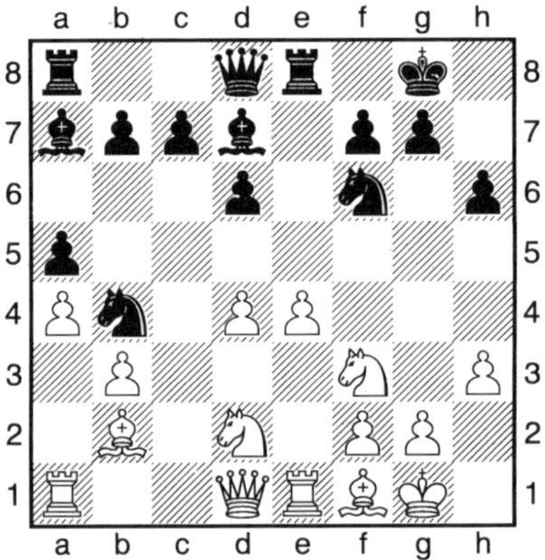

16...c6 17.e5 dxe5?

17...♘fd5 18.♘e4 ♗b8 19.exd6∞

18.dxe5 ♘fd5 19.♘e4± ♗f5 20.♕d2

20.♘d6 ♗h7 21.♘xe8±

20...♖e6 21.♖ad1 ♖g6 22.♔h2 ♕e7

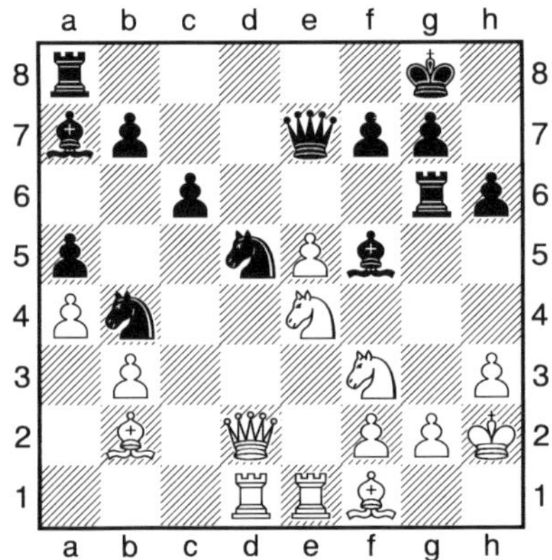

23.♘g3?

23.♗d4! ♗xd4 24.♘xd4 ♗xe4 25.♖xe4±

23...♗e6

23...♖xg3 24.fxg3 ♘c2 25.♖e2 ♗e3∓

24.♘d4 ♖d8 25.f4

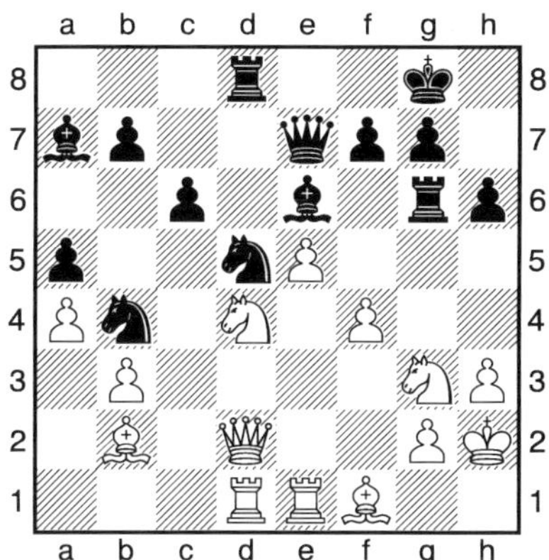

25...♕h4 26.♘ge2?? (26.♘df5+–) **26...♕f2** (26...♗xh3–+) **27.♘xe6 fxe6 28.♗d4 ♗xd4 29.♕xd4 ♕xd4 30.♘xd4 ♘xf4 31.g3 ♘fd5 32.h4 ♖f8 33.♖d2 h5 34.♗h3 ♘c7 35.♔g2 ♘bd5 36.♔h2 ♖h6 37.♖ee2 g5 38.hxg5 ♖g6 39.♖f2 ♖xf2+ 40.♖xf2 ♖xg5 41.♘xe6 ♖xe5??** (41...♘xe6=) **42.♖f8+ ♔h7 43.♘xc7 ♖e2+ 44.♔g1 ♘xc7 45.♖f7+ ♔g6 46.♖xc7 ♖e3 47.♖xb7 ♖xg3+ 48.♗g2 h4 49.♔h2 ♖c3 50.♖b6 ♔g5 51.♗xc6 ♔g4 52.♗d7+ ♔f4 53.♗e6 ♖c2+ 54.♔h3 ♖c1 55.♗c4 ♖h1+ 56.♔g2 ♖c1 57.♖b5 ♖c3 58.♖xa5 h3+ 59.♔h2 ♔g4 60.♖e5 ♖c2+ 61.♖e2 ♖c1 62.♖a2 1–0**

Partie 56

Nepomniachtchi, Ian (2766)

Caruana, Fabiano (2783) [C54]

Madrid 2022

1.e4 e5 2.♘f3 ♘c6 3.♗c4 ♘f6 4.d3 ♗c5 5.0–0 d6 6.c3 a6 7.a4 ♗a7 8.♖e1 h6 9.♘bd2 g5 10.b4 ♘g4 11.♖e2 ♕f6 12.♕e1

12.d4! exd4 13.e5 ♘gxe5 14.cxd4 ♗xd4 15.♘e4 ♘xf3+ 16.gxf3 ♕g6 17.♘xd6+ ♔f8 18.♘xf7±

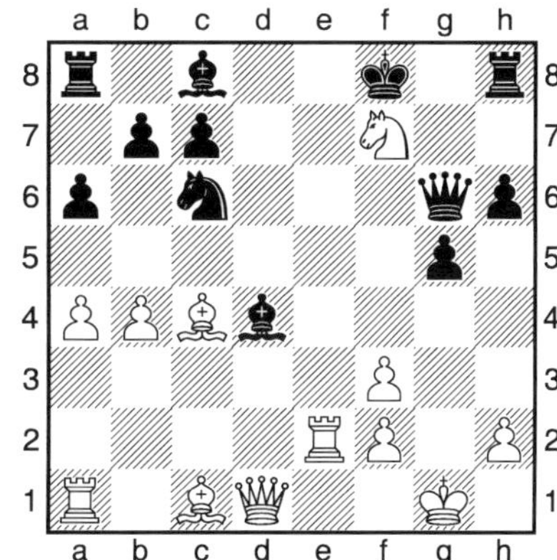

12...♕g7 13.♘f1

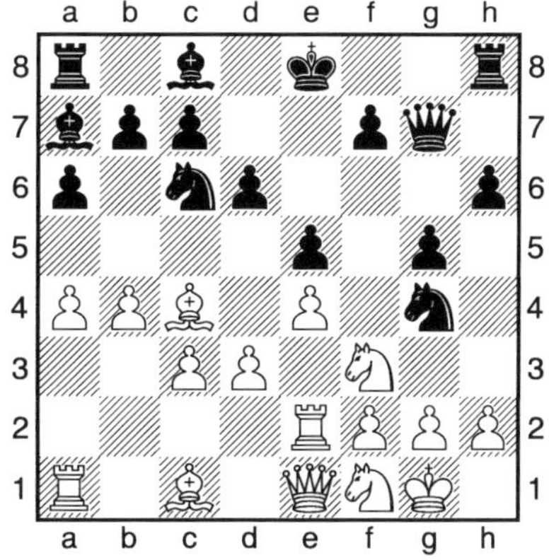

13...0–0 14.♘g3 ♘e7 15.d4 exd4 16.cxd4 ♘c6 17.♖a3!?

17.♗b2 ♘xd4 18.♘xd4 ♗xd4 19.♗xd4 ♕xd4 20.♖c1∞

17...♘xd4 18.♘xd4 ♗xd4 19.h3 ♘e5 20.♗a2 c5∓

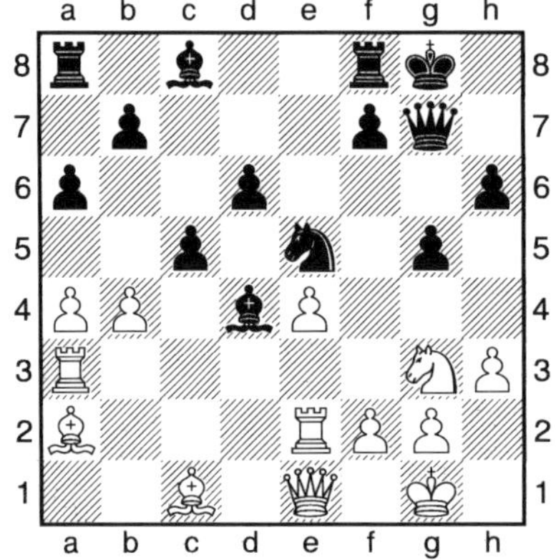

21.bxc5 ♗xc5 22.♖b3 b5 23.♘f5 ♕f6 24.♔h2 bxa4 25.♖g3 ♔h7 26.♕d1 ♗d7 27.♖c2 ♗xf5 28.exf5 ♖ab8 29.♕h5 ♖g8 30.♗b2 ♖ge8 31.♗c1 ♖g8 32.♗b2 ♖ge8 33.♗c1 ½–½

Partie 57

Volokitin, Andrei (2645)

Alonso Rosell, Alvar (2563) [C54]

EU-Cup Mayrhofen 2022

1.e4 e5 2.♘f3 ♘c6 3.♗c4 ♘f6 4.d3 ♗c5 5.0–0 a6 6.c3 ♗a7 7.♖e1 d6 8.a4 h6 9.♘bd2 g5!? 10.b4 ♘h7 11.♔h1 0–0 12.♖f1

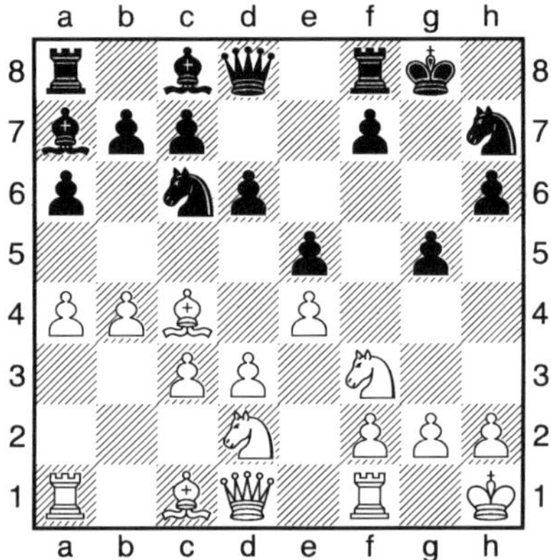

12...♕f6 13.♗b3 ♗g4 14.♕c2 ♘e7 15.d4

15.♘g1 ♗e6 16.f3±

15...♘g6 16.♗b2 ♖ad8 17.♘g1 ♕g7 18.♘c4 ♘f6 19.♘e3 ♗c8 20.♘e2 h5

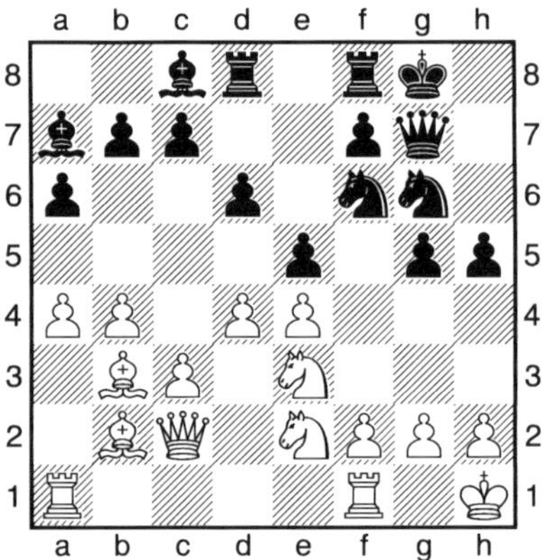

21.♘g3?!

21.c4 h4 22.c5±

21...♘e7 22.♖ad1 h4 23.♘gf5 ♘xf5 24.♘xf5 ♗xf5 25.exf5∞ e4 26.c4 ♖fe8 27.d5

27.b5 c6 28.bxa6 bxa6 29.a5∞

27...♕h6

27...a5!∓ 28.bxa5 e3

28.a5? e3 29.fxe3 ♘g4? (29...♘e4∓) **30.e4± h3 31.g3 ♘e3 32.♕d3 ♕h5 33.c5 ♘xf1 34.♖xf1 ♕g4 35.♗c2**

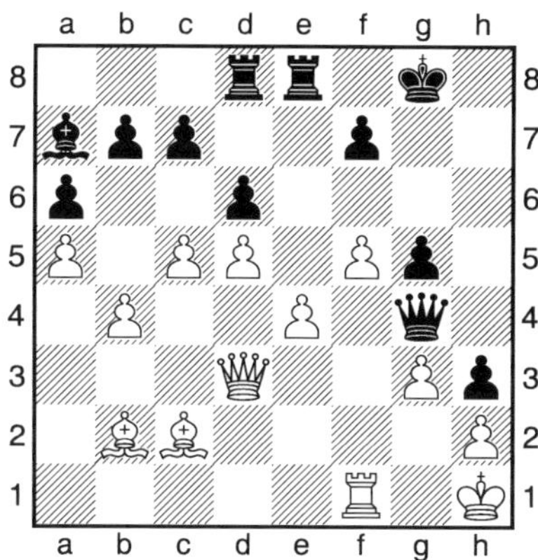

35...c6 36.cxd6 ♖xd6 37.f6 ♕h5 38.♖f5 ♕g4

38...♕g6 39.♗c3 ♖ee6 40.♗d2±

39.e5 ♔f8 40.♕e4 (40.♖f1+–) **40...♕xe4+ 41.♗xe4 cxd5 42.♗d3∞ ♖c6 43.b5 axb5 44.♖xg5 ♖ee6 45.♖h5 ♔e8 46.♖xh3 d4 47.♖h8+ ♔d7 48.♖f8** (48.♗f5+–) **48...♖xe5 49.♖xf7+ ♔e6 50.♖xb7 ♖e3 51.f7 ♖c8 52.♗xb5 ♖c2 53.f8♕ 1–0**

Partie 58

Brkic, Ante (2579)

Henrichs, Thomas (2475) [C54]

Österreich 2017

1.e4 e5 2.♘f3 ♘c6 3.♗c4 ♗c5 4.0–0 ♘f6 5.d3 d6 6.c3 a6 7.a4 ♗a7 8.♖e1 0–0 9.h3 ♔h8 10.d4 ♘xe4?! 11.♖xe4 d5

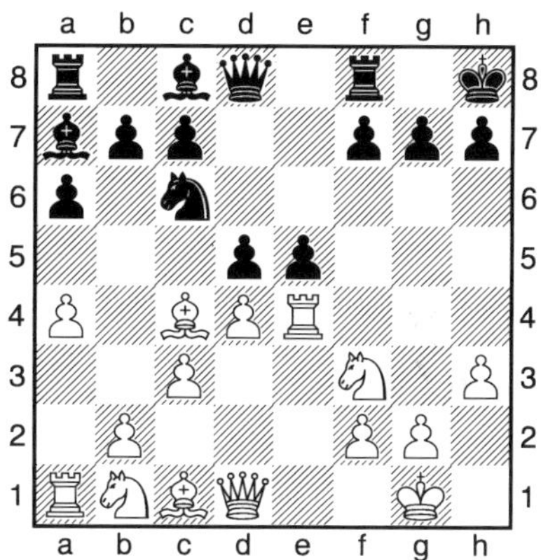

12.♖e1?

12.♘xe5! dxc4 13.♘xc6 bxc6 14.♕h5±

12...dxc4 13.♘xe5 ♘a5

13...♘xe5 14.♖xe5 c5∓

14.♕h5 ♗e6 15.♘d2±

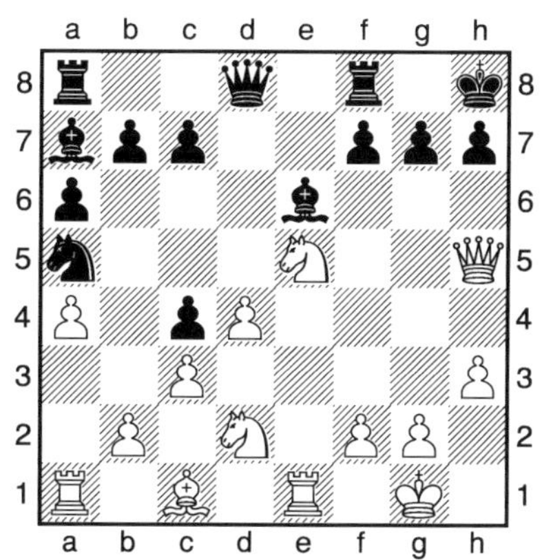

15...♔g8 16.♘df3 ♘b3

16...f6 17.♘xc4 ♗xc4 18.♕xa5±

17.♘g5 ♗f5 18.♘gxf7± ♕c8

18...♕f6 19.♗g5 ♕e6 20.♖ad1±

19.♘h6+!+–

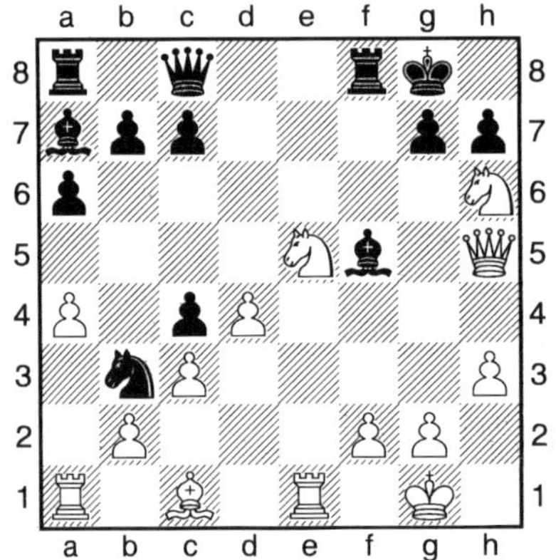

19...gxh6 20.♗xh6 ♕e6 21.♕g5+ ♗g6 22.♗xf8 ♘xa1 23.♗h6 ♘c2 24.♖e4 ♔h8 25.♘xg6+ 1–0

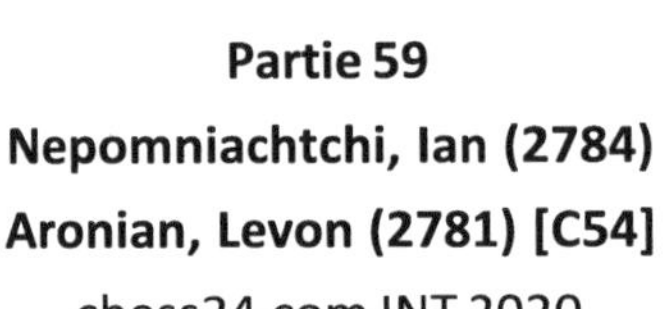

Partie 59

Nepomniachtchi, Ian (2784)

Aronian, Levon (2781) [C54]

chess24.com INT 2020

1.e4 e5 2.♘f3 ♘c6 3.♗c4 ♗c5 4.c3 ♘f6 5.d3 0–0 6.0–0 d6 7.h3 ♗b6 8.♖e1 ♘e7 9.d4 ♘g6 10.♗f1 c6 11.♘bd2 ♖e8 12.♕c2 ♗c7 13.b3 d5!?

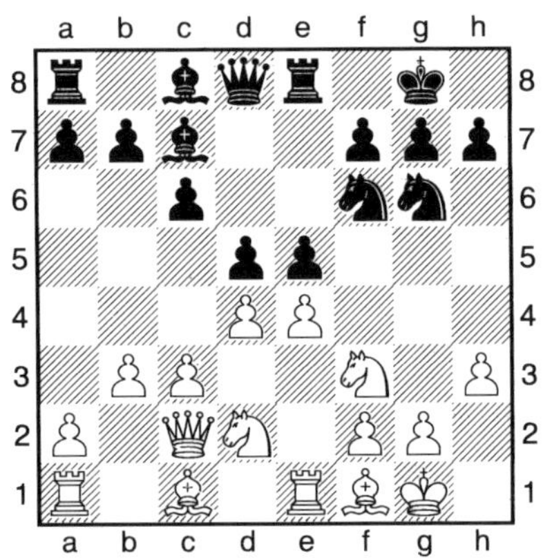

14.exd5 ♘xd5 15.c4 ♘df4

15...♘b4 16.♕b1 c5 17.d5 f5±

16.dxe5 ♘xe5 17.♗b2 ♘eg6 18.♕c3± f6 19.♘e4 ♗f5?!

19...♖e7 20.♖ad1 ♖d7±

20.♖ad1 ♗xe4 21.♖xd8 ♖axd8

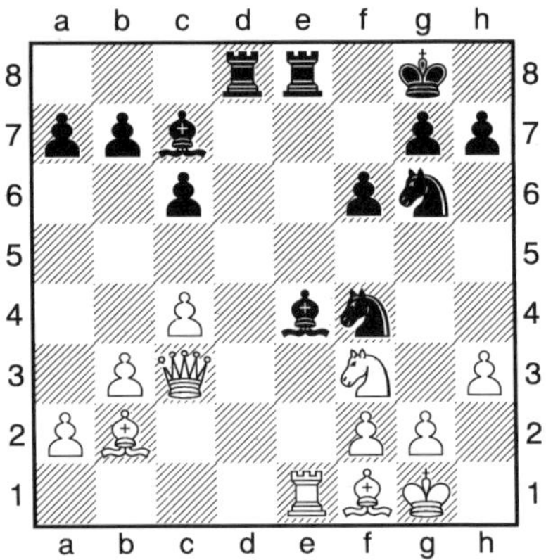

22.g3 ♗xf3 23.♖xe8+ ♖xe8+– 24.♕xf3 ♘e6 25.♕d3 ♘c5 26.♕d4 ♗b6 27.b4 ♘e5 28.♕d1 ♖d8 29.♕b1 ♘cd3 30.♗xe5 ♘xe5 31.c5 ♗c7 32.♕b3+ ♔f8 33.f4 ♘f7 34.♕e6 h5 35.♗c4 ♘h6 36.h4 a5 37.b5 cxb5 38.♗xb5 a4 39.♗xa4 ♗a5 40.♗b3 ♗c3 41.♕b6 ♗d4+ 42.♔f1 ♖d7 43.♕b4 ♘f5 44.c6+ ♖e7 45.cxb7 ♘e3+ 46.♔g1 1–0

Partie 60

Swiercz, Dariusz (2657)

Petrosian, Tigran L. (2613) [C54]

Las Vegas 2018

1.e4 e5 2.♘f3 ♘c6 3.♗c4 ♗c5 4.c3 ♘f6 5.d3 0–0 6.0–0 d6 7.h3 ♗b6 8.a4 h6 9.♖e1 a6 10.♘bd2 ♖e8 11.b4 ♗a7 12.♖b1 ♗d7 13.b5 axb5 14.axb5 ♘a5 15.♗a2±

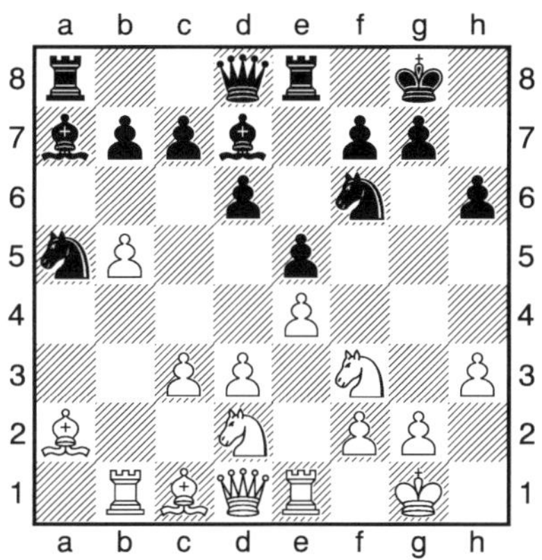

15...c6 16.bxc6 bxc6 17.♘f1 ♗e6

17...d5!? 18.♘g3 ♗b8 19.d4∞

18.♗xe6 fxe6 19.♗e3 ♕c7 20.♗xa7 ♖xa7 21.♘e3 ♘b7 22.♘g4

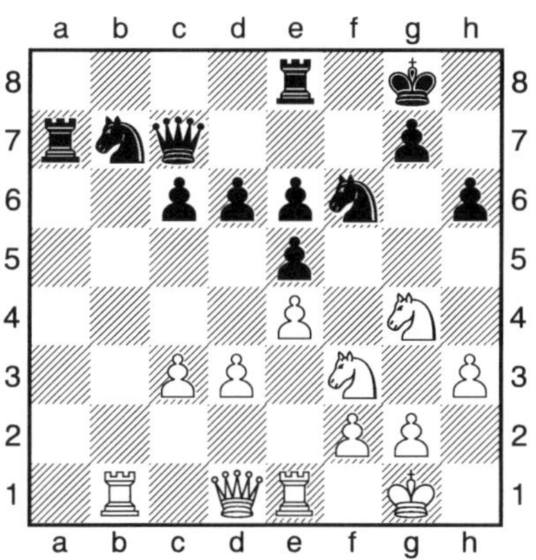

22...♘d8 23.d4

23.♘xf6+! gxf6 24.d4±

23...♘xg4 24.hxg4 ♘f7 25.♕b3 exd4 26.cxd4 ♕d7 27.♖bc1 ♖ea8 28.♕c3± ♖a6 29.e5 d5 30.♖c2 ♕e7 31.♖ec1 ♖b6 32.♕d3

32.♖b2 ♖xb2 33.♕xb2±

32...♖a3 33.♕g6!

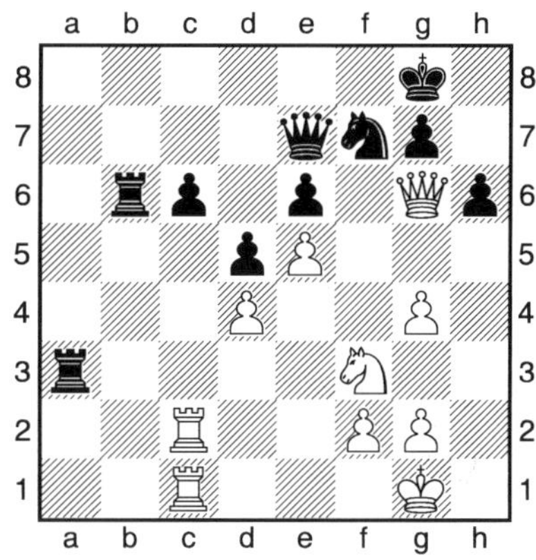

33...♕d7 34.g5 hxg5 35.♘xg5 ♘xg5 36.♕xg5 ♖a4 37.♕g4 ♕e8 38.♖c3+– ♖ba6 39.♖g3 ♖a7 40.♖h3 ♖a3 41.♖h6 ♖e7 42.♖h5 ♖d3 43.♕h4 ♕g6 44.♖xc6 ♕e4 45.♖h8+ ♔f7 46.♕h5+ 1–0

7.Quellenverzeichnis

Quellen:

Wikipedia:

https://de.wikipedia.org/wiki/Italienische_Partie (zuletzt Aufgerufen am 11.03.2022)

Chessbase India: Anish Giri teaches the Italian 1.e4 e5 2.Nf3 Nc6 Bc4 (19.12.2021) : https://www.youtube.com/watch?v=gkqxhUnA2hI

Über den Autor

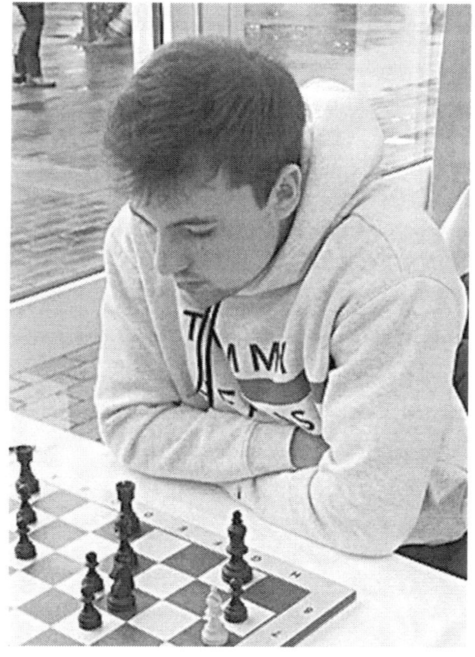

Nachdem mir mein Vater das Spiel bereits mit 7 Jahren beigebracht hat, hat es eine ganze Zeit gedauert, bis es mich in seinen Bann gezogen hat. Dies geschah, als ich in der 3. Klasse in der AG meiner Grundschule meine ersten Schritte in Wettkämpfen gemacht habe.

Danach zog es mich schnell in den Stader Schachverein, dem ich einiges zu verdanken habe. Mit dem Stader SV habe ich in meiner Jugend an diversen Mannschafts- und Einzelturnieren teilgenommen, welche mir immer als Teil meiner Jugend in Erinnerung bleiben werden. Durch Teilnahmen an vielen Turnieren in Niedersachsen lernte ich viele Freunde kennen, mit denen ich auch heute noch auf Turniere fahre.

Mit einigen dieser Freunde habe ich seit dem Jahr 2019 auch das Vergnügen, zusammen in einem Verein zu spielen, da ich mich dann dem Post SV Uelzen angeschlossen habe. Mit diesem Wechsel konnte ich mich enorm verbessern und zweimal an der deutschen U20 Mannschaftsmeisterschaft teilnehmen, sowie mit der Herrenmannschaft in die Oberliga Nord-West aufsteigen, wo wir jetzt spielen.

Seit 2019 bin ich aber nicht nur als Spieler mit dem Schach verbunden, sondern habe meine Ausbildung zum C-Trainer beim Niedersächsischen Schachverband abgeschlossen und angefangen, Vereins- und Einzeltraining zu geben. Während meiner Weiterbildung zum B-Trainer Anfang 2022, konnte ich nicht nur vieles lernen, sondern habe den Inhalt dieses Buches als meine Abschlussarbeit geschrieben.

Ein besonderer Dank gilt den Referenten der Lehrgänge, Volker Janssen, FM Bernd Laubsch und GM Karsten Müller, da sie meinen Werdegang als Trainer sowie als Spieler enorm beeinflusst haben. Karsten Müller habe ich es auch zu verdanken, dass ich die Möglichkeit habe, meine Trainerarbeit als Buch veröffentlichen zu lassen. Bernd Laubsch und Volker Janssen danke ich für ihr Vertrauen, mir die Möglichkeit gegeben zu haben, bei der Ausbildung neuer aufstrebender Schachtrainer als Referent mitzuwirken.